# 本書の特色と使い方

## ４段階のステップ学習で、豊かな学力が形成されます。

「音読」「なぞり書き」「書き写し」「暗唱」の４段階のシートで教科書教材を深く理解でき、ゆっくり学んでいくうちに、豊かな学力が形成されます。

## ゆっくりていねいに、段階を追った学習ができます。

問題量を少なくした、ゆったりとした紙面構成で、読み書きが苦手な子どもでも、ゆっくりていねいに、段階を追って学習することができます。また、漢字が苦手な子どもでも、学習意欲が減退しないように、問題文の全てにかな文字を記載しています。

## 光村図書・東京書籍・教育出版の国語教科書から抜粋した詩・物語・説明文教材の問題などを掲載しています。

教科書掲載教材を使用して、授業の進度に合わせて予習・復習ができます。三社の優れた教科書教材を掲載しておりますので、ぜひご活用ください。

## どの子も理解できるよう、お手本や例文を記載しています。

問題の考え方や答えの書き方の理解を補助するものとして、はじめに、なぞり書きのできるグレー文字のお手本があります。また、文作りでは例文も記載しています。

## あたたかみのあるイラストで、文作りの場面理解を支援しています。

わかりやすいイラストで、文章の理解を深めます。生活の場面をイラストにして、そのイラストに言葉をそえています。イラストにそえられた言葉を手がかりに、子ども自らが文を作れるように配慮してあります。また、イラストの色塗りなども楽しめます。

## 支援教育の専門の先生の指導をもとに、本書を作成しています。

教科書の内容や構成を研究し、小学校の特別支援学級や支援教育担当の先生方、専門の研究者の先生方のアドバイスをもとに問題を作成しています。

**ワークシートの解答例について（お家の方や先生方へ）**

本書の解答は、あくまでもひとつの「解答例」です。お子さまに取り組ませる前に、必ず指導される方が問題を解いてください。指導される方の作られた解答をもとに、お子さまの多様な考えに寄り添って○つけをお願いします。

もっとゆっくりていねいに学べる **作文ワーク基礎編**
（光村図書・東京書籍・教育出版の教科書教材より抜粋）

# 3―② 目《もく》次《じ》

## 書《か》き写《うつ》し・音《おん》読《どく》・暗《あん》唱《しょう》

# 文《ぶん》作《づく》り



**書き写し・音読・暗唱　シートの見分け方**

…音読・なぞり書き

…音読・書き写し

…音読・覚える・なぞり書き

…暗唱・覚えて書く

# あおぞら　①

名前

詩《し》を音読《おんどく》してから、書《か》き写《うつ》しましょう。

空がまぶしい、
空《そら》がまぶしい、
このわたしの上に。
このわたしの上《うえ》に。
あそこの牛の上に。
あそこの牛《うし》の上《うえ》に。

★書《か》き終《お》わったら、もういちど、音読《おんどく》しましょう。

（令和二年度版　光村図書　国語　三下　あおぞら　まど・みちお）

# あおぞら ②

名前

詩《し》を音読《おんどく》してから、書《か》き写《うつ》しましょう。

空《そら》がまぶしい、

このわたしの上《うえ》に。

あそこの牛《うし》の上《うえ》に。

★書《か》き終《お》わったら、もういちど、音読《おんどく》しましょう。

（令和二年度版　光村図書　国語　三下　あおぞら　まど・みちお）

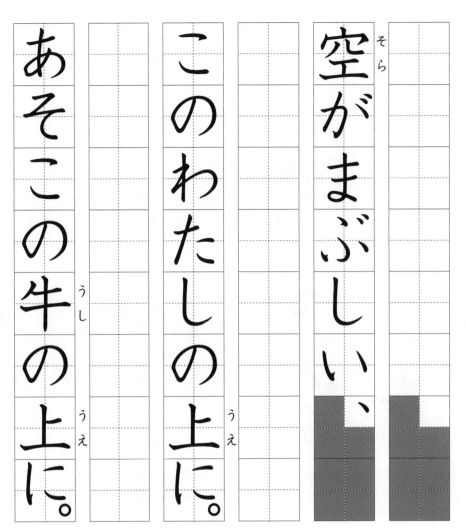

# あおぞら ③

名前

詩《し》を音読《おんどく》してから、書《か》き写《うつ》しましょう。

あの山の上で生きている
あの山《やま》の上《うえ》で生《い》きている
一本松の上に。
一本《いっぽん》松《まつ》の上《うえ》に。
みんなおんなじに
みんなおんなじに
青く青くすんで……。
青《あお》く青《あお》くすんで……。

★書《か》き終《お》わったら、もういちど、音読《おんどく》しましょう。

（令和二年度版　光村図書　国語　三下　あおぞら　まど・みちお）

# あおぞら ④

名前

詩《し》を音読《おんどく》してから、書《か》き写《うつ》しましょう。

あの山《やま》の上《うえ》で生《い》きている

一本《いっぽん》松《まつ》の上《うえ》に。

みんなおんなじに

青《あお》く青《あお》くすんで……。

★書《か》き終《お》わったら、もういちど、音読《おんどく》しましょう。

（令和二年度版　光村図書　国語　三下　あおぞら　まど・みちお）

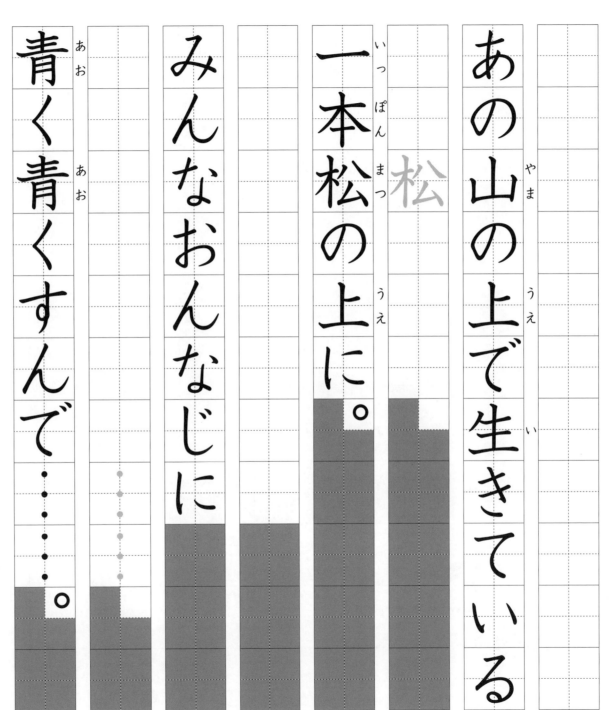

# あおぞら ⑤

名前

詩《し》を音読《おんどく》して、おぼえましょう。また、詩《し》を書《か》きましょう。

空《そら》がまぶしい、
このわたしの上《うえ》に。
あそこの牛《うし》の上《うえ》に。
あの山《やま》の上《うえ》で生《い》きている
一本《いっぽん》松《まつ》の上《うえ》に。
みんなおんなじに
青《あお》く青《あお》くすんで……。

★書《か》き終《お》わったら、もういちど、音読《おんどく》しましょう。

（令和二年度版　光村図書　国語　三下　あおぞら　まど・みちお）

# あおぞら ⑥

名前

詩《し》を暗《あん》しょうしましょう。おぼえたら書《か》きましょう。

空《そら》ま《うえ》

こわ《うえ》

あ牛《うし》《うえ》

あ《やま》《うえ》生《い》

一本松《いっぽんまつ》《うえ》

みお

青《あお》《あお》す……

★書《か》き終《お》わったら、もういちど、音読《おんどく》しましょう。

（令和二年度版　光村図書　国語　三下　あおぞら　まど・みちお）

# ぼくが　ここに　①

名前

詩《し》を音読《おんどく》してから、書《か》きうつしましょう。

ぼくが　ここに

まど・みちお

ぼくが　ここに
いるとき
ほかの　どんなものも
ぼくに　かさなって
ここに　いることは
できない

★書《か》き終《お》わったら、もう一度《いちど》、音読《おんどく》しましょう。

（令和二年度版　東京書籍　新しい国語　三下　まど・みちお）

# ぼくが　ここに　②

名前

詩《し》を音読《おんどく》してから、書《か》きうつしましょう。

## ぼくが　ここに

まど・みちお

ぼくが
ここに
いるとき
ほかの
どんなものも
ぼくに
かさなって
ここに
いることは
できない

★書《か》き終《お》わったら、もう一度《いちど》、音読《おんどく》しましょう。

（令和二年度版　東京書籍　新しい国語　三下　まど・みちお）

# ぼくが　ここに　③

名前

詩《し》を音読《おんどく》してから、書《か》きうつしましょう。

もしも　ゾウが
もしも　ゾウが
ここに　いるならば
ここに　いるならば
そのゾウだけ
そのゾウだけ
マメが　いるならば
マメが　いるならば

★書《か》き終《お》わったら、もう一度《いちど》、音読《おんどく》しましょう。

（令和二年度版　東京書籍　新しい国語　三下　まど・みちお）

# ぼくが　ここに　④

名前

詩《し》を音読《おんどく》してから、書《か》きうつしましょう。

もしも　ゾウが
ここに　いるならば
そのゾウだけ
マメが　いるならば

★書《か》き終《お》わったら、もう一度《いちど》、音読《おんどく》しましょう。

（令和二年度版　東京書籍　新しい国語　三下　まど・みちお）

# ぼくが　ここに　⑤

名前

詩《し》を音読《おんどく》してから、書《か》きうつしましょう。

その一つぶの　マメだけ
その一《ひと》つぶの　マメだけ

しか　ここに
しか　ここに

いることは　できない
いることは　できない

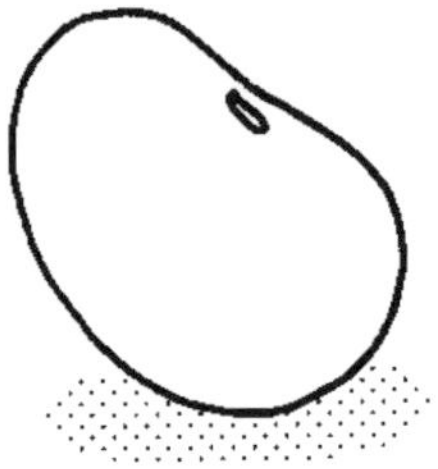

★書《か》き終《お》わったら、もう一度《いちど》、音読《おんどく》しましょう。

（令和二年度版　東京書籍　新しい国語　三下　まど・みちお）

# ぼくが　ここに　⑥

名前

詩《し》を音読《おんどく》してから、書《か》きうつしましょう。

その一《ひと》つぶのマメだけ

しか　ここに

いることはできない

★書《か》き終《お》わったら、もう一度《いちど》、音読《おんどく》しましょう。

（令和二年度版　東京書籍　新しい国語　三下　まど・みちお）

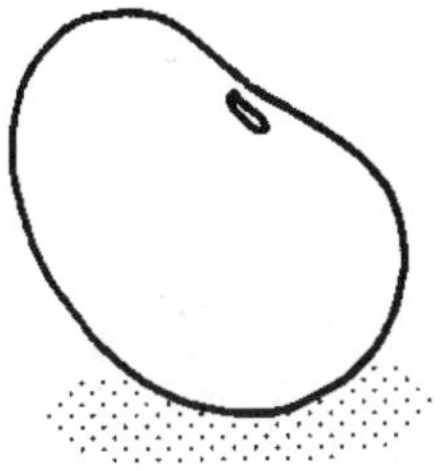

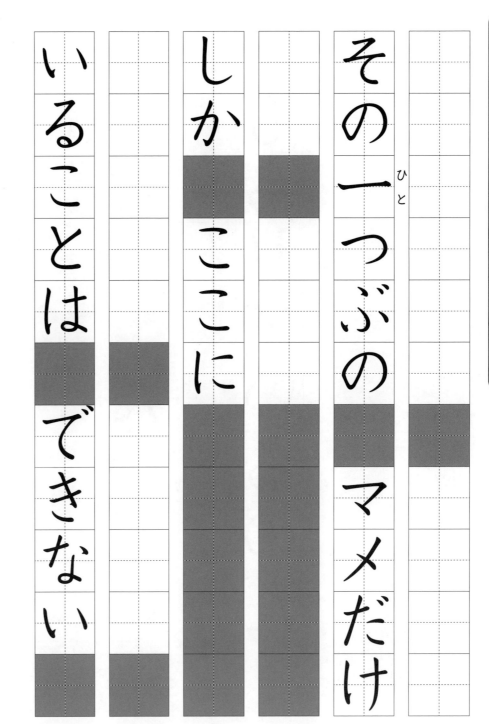

# ぼくが　ここに　⑦

名前

詩《し》を音読《おんどく》してから、書《か》きうつしましょう。

ああ　このちきゅうの
ああ　このちきゅうの
うえでは
うえでは
こんなに　だいじに
こんなに　だいじに
まもられているのだ
まもられているのだ

★書《か》き終《お》わったら、もう一度《いちど》、音読《おんどく》しましょう。

（令和二年度版　東京書籍　新しい国語　三下　まど・みちお）

# ぼくが　ここに　⑧

名前

詩《し》を音読《おんどく》してから、書《か》きうつしましょう。

ああ　このちきゅうの
うえでは
こんなに　だいじに
まもられているのだ

★書《か》き終《お》わったら、もう一度《いちど》、音読《おんどく》しましょう。

（令和二年度版　東京書籍　新しい国語　三下　まど・みちお）

# ぼくが　ここに　⑨

名前

詩《し》を音読《おんどく》してから、書《か》きうつしましょう。

どんなものが
どんなものが
どんなところに
どんなところに
いるときにも
いるときにも

その「いること」こそが
その「いること」こそが
なににもまして
なににもまして
すばらしいこととして
すばらしいこととして

★書《か》き終《お》わったら、もう一度《いちど》、音読《おんどく》しましょう。

（令和二年度版　東京書籍　新しい国語　三下　まど・みちお）

# ぼくが　ここに　⑩

名前

詩《し》を音読《おんどく》してから、書《か》きうつしましょう。

どんなものが
どんなところに
いるときにも

その「いること」こそが
なににもまして
すばらしいこととして

★書《か》き終《お》わったら、もう一度《いちど》、音読《おんどく》しましょう。

（令和二年度版　東京書籍　新しい国語　三下　まど・みちお）

ぼくが　ここに　⑪

名前

詩《し》を音読《おんどく》して、おぼえましょう。また、詩《し》を書《か》きましょう。

## ぼくが　ここに

まど・みちお

ぼくが　ここに
いるとき
ほかの　どんなものも
ぼくに　かさなって
ここに　いることは
できない

★書《か》き終《お》わったら、もう一度《いちど》、音読《おんどく》しましょう。

（令和二年度版　東京書籍　新しい国語　三下　まど・みちお）

# ぼくが　ここに ⑫

名前

詩《し》を暗《あん》しょうしましょう。おぼえたら書《か》きましょう。

## ぼくが　ここに

まど・みちお

ぼ　こ
い
ほ　ど
ぼ　か
こ　い
で

★書《か》き終《お》わったら、もう一度《いちど》、音読《おんどく》しましょう。

（令和二年度版　東京書籍　新しい国語　三下　まど・みちお）

# ぼくが　ここに　⑬

名前

詩《し》を音読《おんどく》して、おぼえましょう。また、詩《し》を書《か》きましょう。

もしも　ゾウが
ここに　いるならば
そのゾウだけ
マメが　いるならば
その一《ひと》つぶの　マメだけ
しか　ここに
いることは　できない

★書《か》き終《お》わったら、もう一度《いちど》、音読《おんどく》しましょう。

（令和二年度版　東京書籍　新しい国語　三下　まど・みちお）

# ぼくが　ここに　⑭

名前

詩《し》を暗《あん》しょうしましょう。おぼえたら書《か》きましょう。

も　ゾ
こ　い
そ
マ　い
そ
ひと
マ
し　こ
い　で

★書《か》き終《お》わったら、もう一度《いちど》、音読《おんどく》しましょう。

（令和二年度版　東京書籍　新しい国語　三下　まど・みちお）

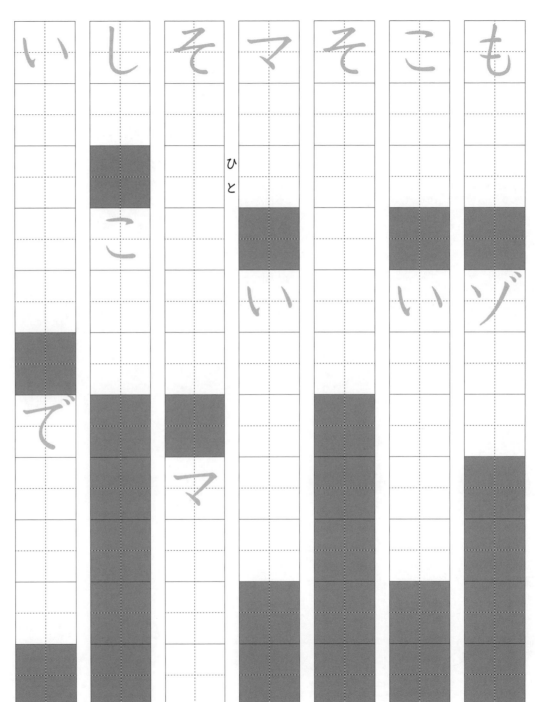

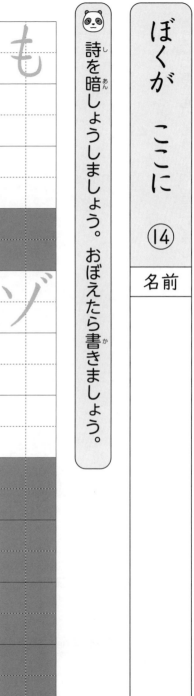

ぼくが　ここに　⑮

名前

詩《し》を音読《おんどく》して、おぼえましょう。また、詩《し》を書《か》きましょう。

ああ　このちきゅうの
うえでは
こんなに　だいじに
まもられているのだ
どんなものが
どんなところに
いるときにも

その「いること」こそが
なにものにも　まして
すばらしいこととして

★書《か》き終《お》わったら、もう一度《いちど》、音読《おんどく》しましょう。

（令和二年度版　東京書籍　新しい国語　三下　まど・みちお）

# ぼくが ここに ⑯

名前

詩《し》を暗《あん》しょうしましょう。おぼえたら書《か》きましょう。

あ こ
う
こ だ
ま い
ど
ど
い

そ 「 」
な ま
す と

★書《か》き終《お》わったら、もう一度《いちど》、音読《おんどく》しましょう。

（令和二年度版 東京書籍 新しい国語 三下 まど・みちお）

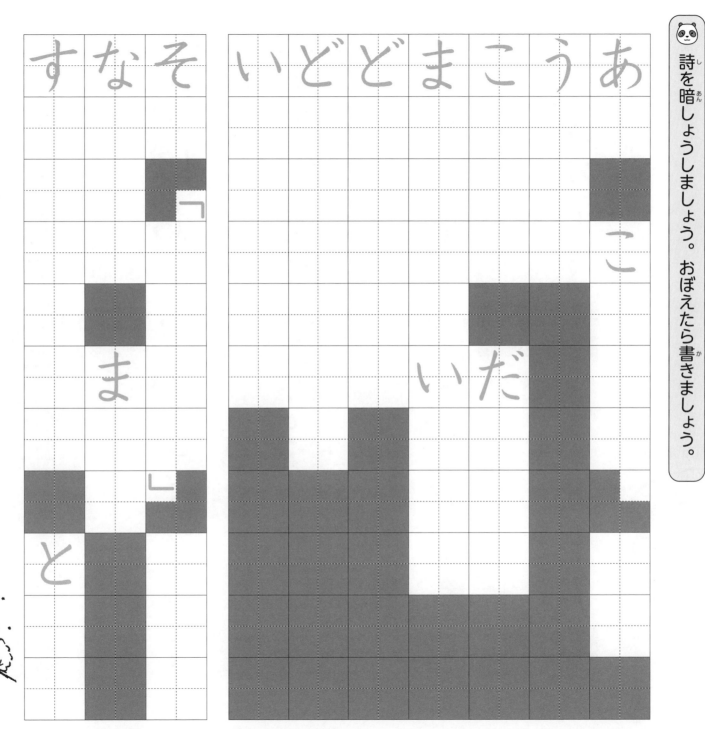

# ちいちゃんのかげおくり ①

名前

文章《ぶんしょう》を音読《おんどく》してから、書《か》き写《うつ》しましょう。

そのとき、「かげおくりのよくできそうな空《そら》だなあ。」というお父《とう》さんの声《こえ》が、青《あお》い空《そら》からふってきました。

★書《か》き終《お》わったら、もういちど、音読《おんどく》しましょう。

（令和二年度版　光村図書　国語　三下　あおぞら　あまん　きみこ）

## ちいちゃんのかげおくり　②

名前

文章《ぶんしょう》を音読《おんどく》してから、書《か》き写《うつ》しましょう。

「ね。今《いま》、みんなでやってみましょうよ。」

というお母《かあ》さんの声《こえ》も、青《あお》い空《そら》からふってきました。

★書《か》き終《お》わったら、もういちど、音読《おんどく》しましょう。

（令和二年度版　光村図書　国語　三下　あおぞら　あまん　きみこ）

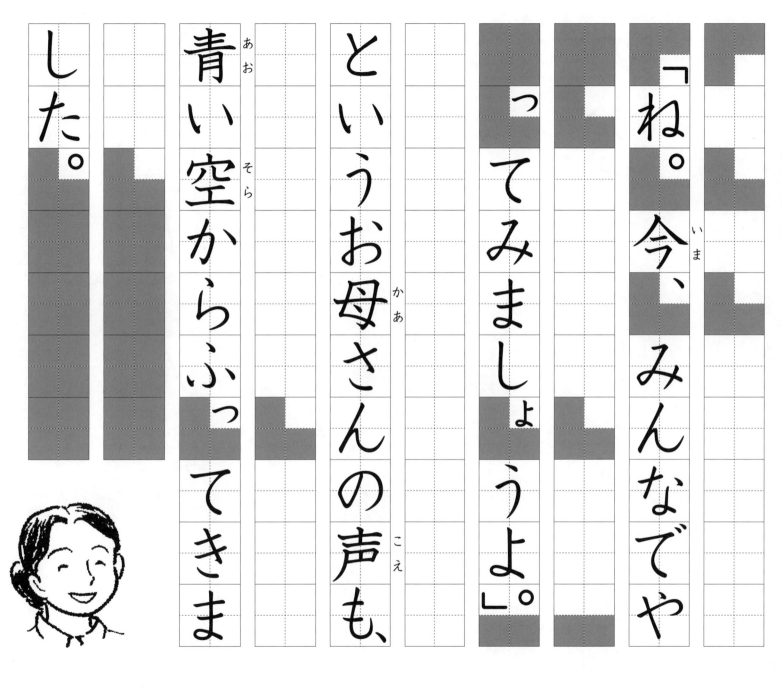

# ちいちゃんのかげおくり　③

名前

文章《ぶんしょう》を音読《おんどく》してから、書《か》き写《うつ》しましょう。

ちいちゃんは、ふらふらする足《あし》をふみしめて立《た》ち上《あ》がると、たった一《ひと》つのかげぼうしを見《み》つめながら、数《かぞ》えだしました。

★書《か》き終《お》わったら、もういちど、音読《おんどく》しましょう。

（令和二年度版　光村図書　国語　三下　あおぞら　あまん　きみこ）

# ちいちゃんのかげおくり ④

名前

文章《ぶんしょう》を音読《おんどく》してから、書《か》き写《うつ》しましょう。

「ひとつ、ふたあつ、
みいっつ。」
いつのまにか、お父《とう》さん
のひくい声《こえ》が、かさなっ
て聞《き》こえだしました。

★書《か》き終《お》わったら、もういちど、音読《おんどく》しましょう。

（令和二年度版　光村図書　国語　三下　あおぞら　あまん　きみこ）

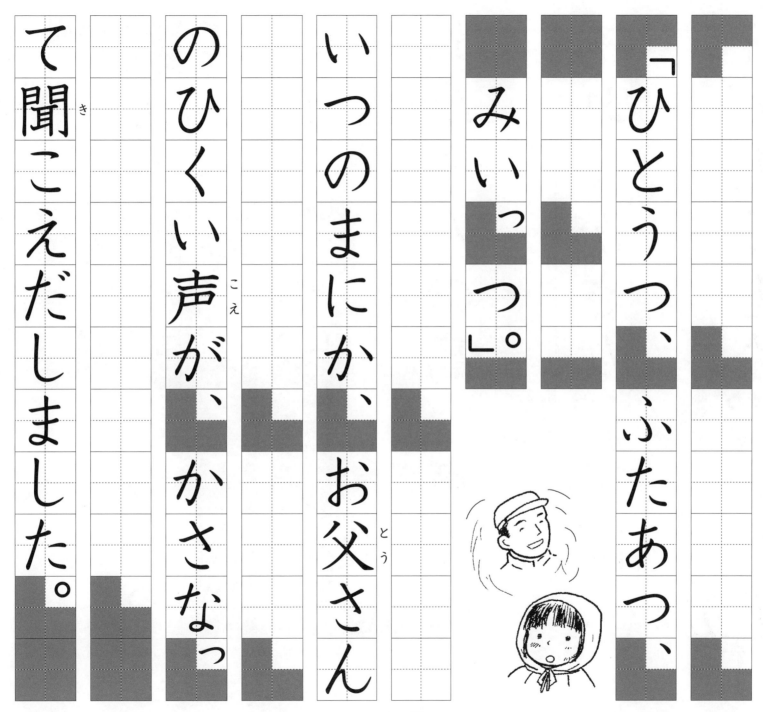

# ちいちゃんのかげおくり ⑤

名前

文章《ぶんしょう》を音読《おんどく》してから、書《か》き写《うつ》しましょう。

「ようっつ、いつうつ、
むうっつ。」

お母《かあ》さんの高《たか》い声《こえ》も、

それにかさなって聞《き》こ
えだしました。

★書《か》き終《お》わったら、もういちど、音読《おんどく》しましょう。

（令和二年度版　光村図書　国語　三下　あおぞら　あまん　きみこ）

## ちいちゃんのかげおくり ⑥

名前

文章《ぶんしょう》を音読《おんどく》してから、書《か》き写《うつ》しましょう。

「ななあつ、やあっつ、

ここのうつ。」

お兄《にい》ちゃんのわらいそうな声《こえ》も、かさなってきました。

★書《か》き終《お》わったら、もういちど、音読《おんどく》しましょう。

（令和二年度版　光村図書　国語　三下　あおぞら　あまん　きみこ）

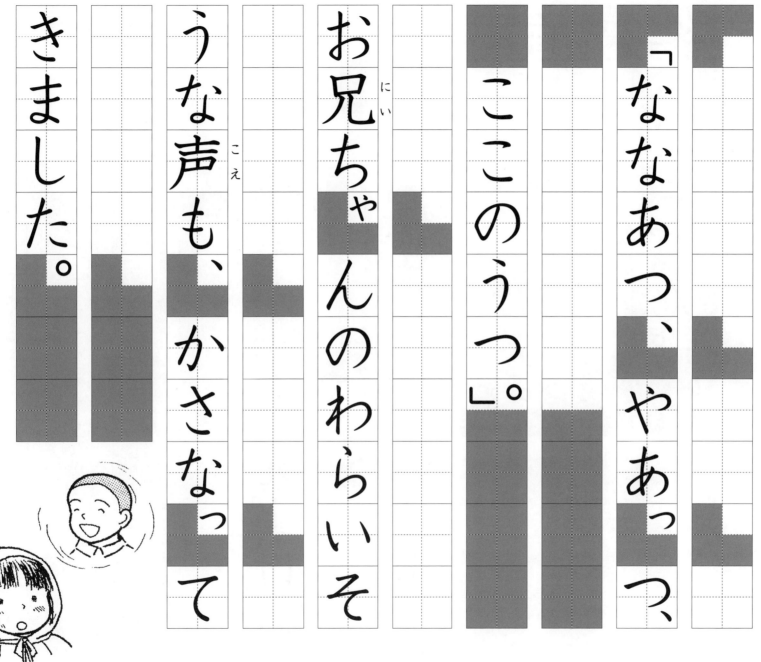

# ちいちゃんのかげおくり ⑦

名前

文章《ぶんしょう》を音読《おんどく》してから、書《か》き写《うつ》しましょう。

「とお。」
ちいちゃんが空《そら》を見《み》上《あ》げる
と、青《あお》い空《そら》に、くっきりと
白《しろ》いかげが四《よっ》つ。
「お父《とう》ちゃん。」
ちいちゃんはよびました。

★書《か》き終《お》わったら、もういちど、音読《おんどく》しましょう。

（令和二年度版　光村図書　国語　三下　あおぞら　あまん　きみこ）

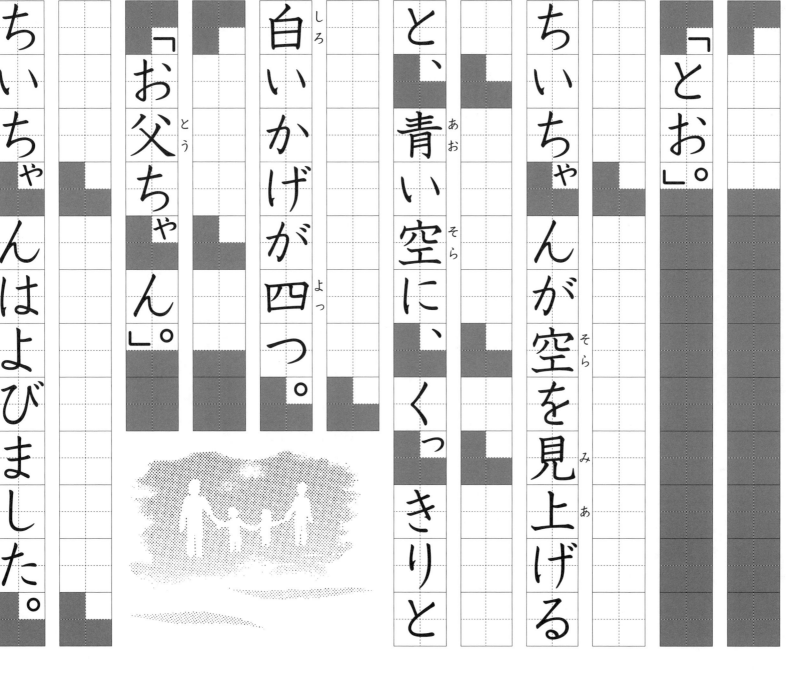

# ちいちゃんのかげおくり ⑧

名前

文章《ぶんしょう》を音読《おんどく》してから、書《か》き写《うつ》しましょう。

「お母《かあ》ちゃん、お兄《にい》ちゃん。」

そのとき、体《からだ》がすうっとすきとおって、空《そら》にすいこまれていくのが分《わ》かりました。

★書《か》き終《お》わったら、もういちど、音読《おんどく》しましょう。

（令和二年度版　光村図書　国語　三下　あおぞら　あまん　きみこ）

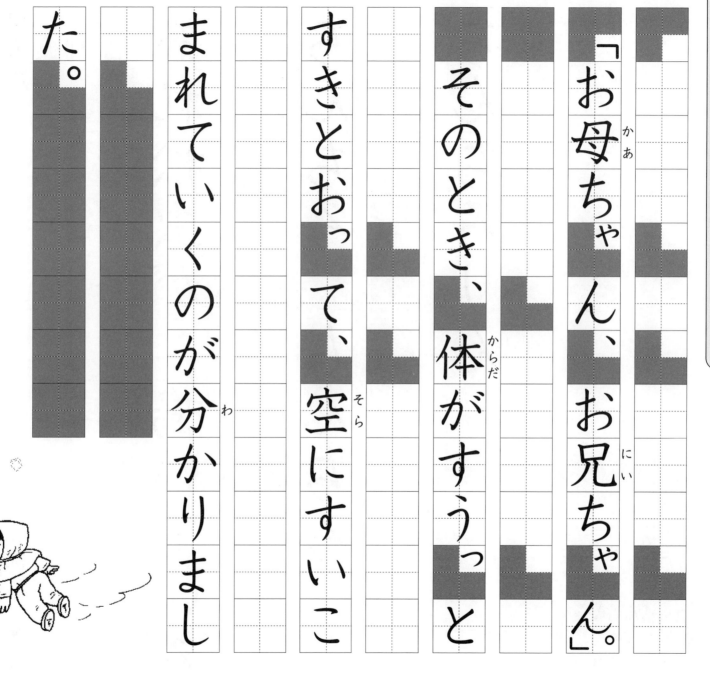

# 虫《むし》の声《こえ》 ①

名前

歌《か》しを音読《おんどく》してから、書《か》き写《うつ》しましょう。

あれ松虫が　鳴いている

あれ松《まつ》虫《むし》が　鳴《な》いている

ちんちろ　ちんちろ

ちんちろ　ちんちろ

ちんちろりん

ちんちろりん

虫《むし》の声《こえ》

（文部省《もんぶしょう》　唱歌《しょうか》）

★書《か》き終《お》わったら、もういちど、音読《おんどく》しましょう。

（令和二年度版　光村図書　国語　三下　あおぞら　「きせつの言葉3　秋のくらし」による）

# 虫《むし》の声《こえ》 ②

名前

歌《か》しを音読《おんどく》してから、書《か》き写《うつ》しましょう。

虫《むし》の声《こえ》

（文部省《もんぶしょう》 唱歌《しょうか》）

松

あれ松《まつ》虫《むし》が　鳴《な》いている

ちんちろ　ちんちろ

ちんちろりん

★書《か》き終《お》わったら、もういちど、音読《おんどく》しましょう。

（令和二年度版　光村図書　国語　三下　あおぞら「きせつの言葉3　秋のくらし」による）

# 虫《むし》の声《こえ》 ③

名前

歌《か》しを音読《おんどく》してから、書《か》き写《うつ》しましょう。

あれ鈴虫も　鳴き出した
あれ鈴《すず》虫《むし》も　鳴《な》き出《だ》した
りんりんりんりん
りんりんりんりん
りいんりん
りいんりん
秋の夜長を　鳴き通す
秋《あき》の夜《よ》長《なが》を　鳴《な》き通《とお》す
ああおもしろい　虫の声
ああおもしろい　虫《むし》の声《こえ》

★書《か》き終《お》わったら、もういちど、音読《おんどく》しましょう。

（令和二年度版　光村図書　国語　三下　あおぞら「きせつの言葉3　秋のくらし」による）

# 虫《むし》の声《こえ》 ④

名前

歌《か》しを音読《おんどく》してから、書《か》き写《うつ》しましょう。

鈴

あれ鈴虫《すずむし》も　鳴《な》き出《だ》した

りんりんりんりん

りいんりん

秋《あき》の夜長《よなが》を　鳴《な》き通《とお》す

ああおもしろい　虫《むし》の声《こえ》

★書《か》き終《お》わったら、もういちど、音読《おんどく》しましょう。

（令和二年度版　光村図書　国語　三下　あおぞら　「きせつの言葉3　秋のくらし」による）

# 虫《むし》の声《こえ》 ⑤

歌《か》しを音読《おんどく》して、おぼえましょう。また、歌《か》しを書《か》きましょう。

名前

## 虫《むし》の声《こえ》

（文部省《もんぶしょう》　唱歌《しょうか》）

あれ松虫《まつむし》が　鳴《な》いている
ちんちろ　ちんちろ
ちんちろりん
あれ鈴虫《すずむし》も　鳴《な》き出《だ》した
りんりんりんりん
りいんりん
秋《あき》の夜長《よなが》を　鳴《な》き通《とお》す
ああおもしろい　虫《むし》の声《こえ》

★書《か》き終《お》わったら、もういちど、音読《おんどく》しましょう。

（令和二年度版　光村図書　国語　三下　あおぞら　「きせつの言葉3　秋のくらし」による）

# 虫《むし》の声《こえ》 ⑥

名前

歌《か》しを暗《あん》しょうしましょう。おぼえたら書《か》きましょう。

## 虫《むし》の声《こえ》

（文部省《もんぶしょう》　唱歌《しょうか》）

あ　松《まつ》　むし　鳴《な》

ち　ち

ち

あ　鈴《すず》　むし　鳴《な》　だ

り

り

秋《あき》　よなが　鳴《な》　とお

あ　虫《むし》　こえ

★書《か》き終《お》わったら、もういちど、音読《おんどく》しましょう。

（令和二年度版　光村図書　国語　三下　あおぞら「きせつの言葉3　秋のくらし」による）

# ことわざ ①

名前

ことわざを音読《おんどく》してから、書《か》き写《うつ》しましょう。

犬も歩けばぼうに当たる

犬《いぬ》も歩《ある》けばぼうに当《あ》たる

おびに短したすきに長し

おびに短《みじか》したすきに長《なが》し

ちりもつもれば山となる

ちりもつもれば山《やま》となる

所かわれば品かわる

所《ところ》かわれば品《しな》かわる

さるも木から落ちる

さるも木《き》から落《お》ちる

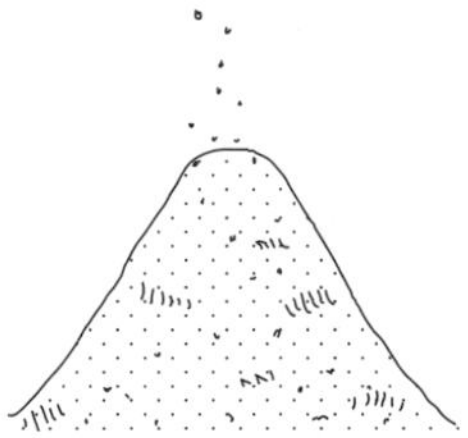

★書《か》き終《お》わったら、もういちど、音読《おんどく》しましょう。

（令和二年度版　光村図書　国語　三下　あおぞら「ことわざ・故事成語」による）

# ことわざ ②

名前

ことわざを音読《おんどく》してから、書《か》き写《うつ》しましょう。

犬《いぬ》も歩《ある》けばぼうに当《あ》たる

おびに短《みじか》したすきに長《なが》し

ちりもつもれば山《やま》となる

所《ところ》かわれば品《しな》かわる

さるも木《き》から落《お》ちる

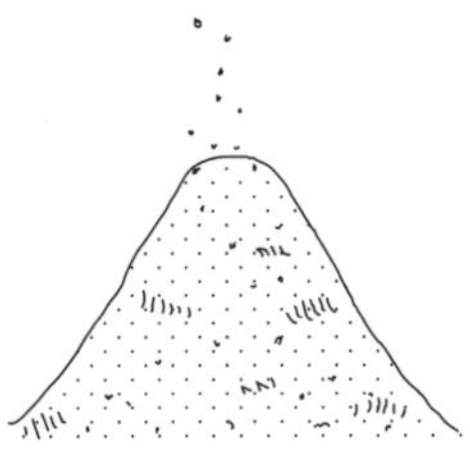

★書《か》き終《お》わったら、もういちど、音読《おんどく》しましょう。

（令和二年度版　光村図書　国語　三下　あおぞら　「ことわざ・故事成語」による）

# ことわざ ③

名前

ことわざを音読《おんどく》して、おぼえましょう。また、ことわざを書《か》きましょう。

犬《いぬ》も歩《ある》けばぼうに当《あ》たる

おびに短《みじか》したすきに長《なが》し

ちりもつもれば山《やま》となる

所《ところ》かわれば品《しな》かわる

さるも木《き》から落《お》ちる

★書《か》き終《お》わったら、もういちど、音読《おんどく》しましょう。

（令和二年度版　光村図書　国語　三下　あおぞら　「ことわざ・故事成語」による）

# ことわざ ④

名前

ことわざを暗《あん》しょうしましょう。おぼえたら書《か》きましょう。

犬《いぬ》　《ある》　ぼ　《あ》

お　《みじか》　た　《なが》

ち　山《やま》

所《ところ》　品《しな》

さ　《き》　落《お》

★書《か》き終《お》わったら、もういちど、音読《おんどく》しましょう。

（令和二年度版　光村図書　国語　三下　あおぞら「ことわざ・故事成語」による）

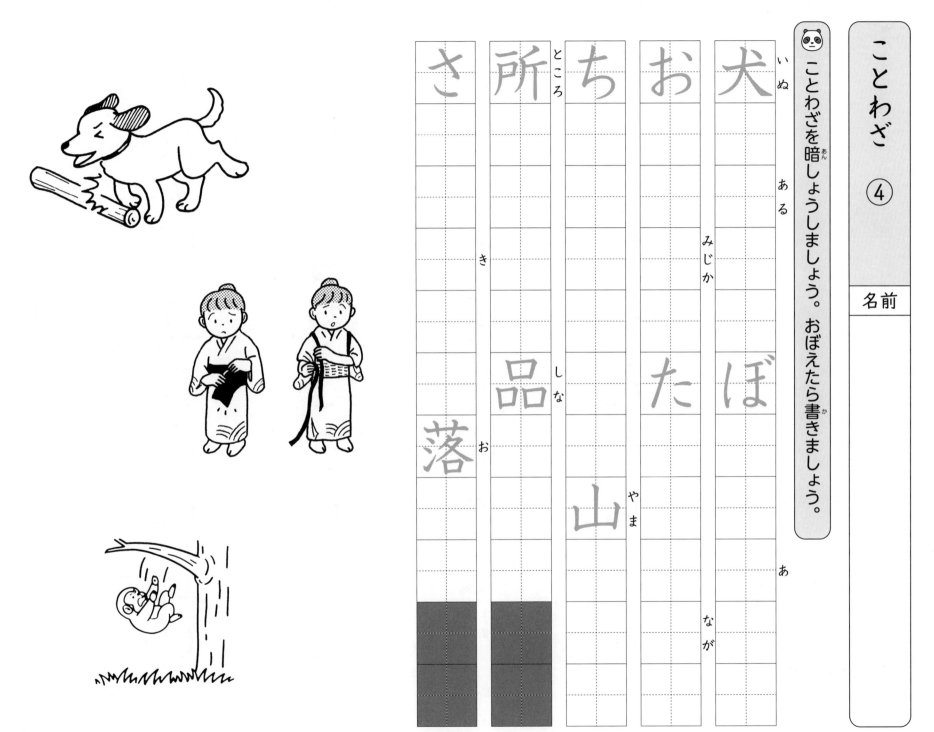

# モチモチの木《き》 ①

名前

文章《ぶんしょう》を音読《おんどく》してから、書《か》きうつしましょう。

豆太《まめた》は真夜中《まよなか》に、ひょっと目《め》をさましました。頭《あたま》の上《うえ》でくまのうなり声《ごえ》が聞《き》こえたからだ。

★書《か》き終《お》わったら、もう一度《いちど》、音読《おんどく》しましょう。

（令和二年度版　東京書籍　新しい国語　三下　斎藤　隆介）

※「モチモチの木」の教材は、令和二年度版　光村図書　国語　三下　あおぞら、令和二年度版　教育出版　ひろがる言葉　小学国語　三下　にも掲載されています。

# モチモチの木《き》 ②

名前

文章《ぶんしょう》を音読《おんどく》してから、書《か》きうつしましょう。

「じさまぁっ！」

むちゅうでじさまに

しがみつこうとしたが、

じさまはいない。

★書《か》き終《お》わったら、もう一度《いちど》、音読《おんどく》しましょう。

（令和二年度版 東京書籍 新しい国語 三下 斎藤 隆介）

※「モチモチの木」の教材は、令和二年度版 光村図書 国語 三下 あおぞら、令和二年度版 教育出版 ひろがる言葉 小学国語 三下 にも掲載されています。

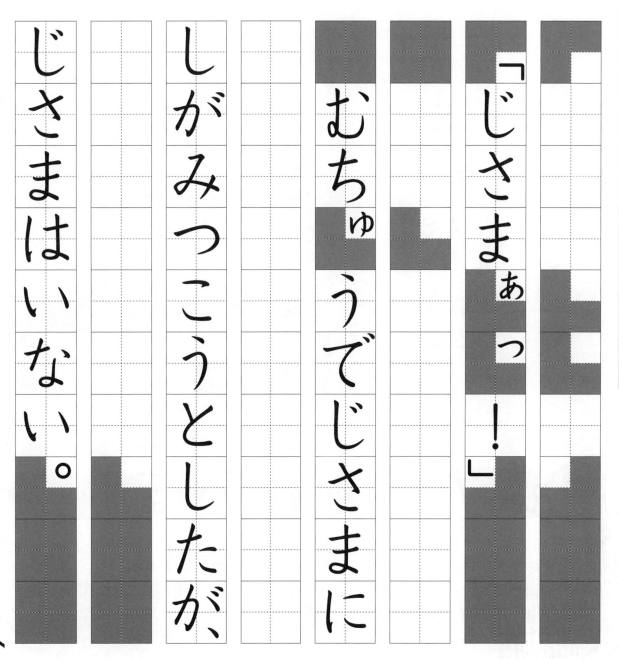

# モチモチの木《き》 ③

名前

文章《ぶんしょう》を音読《おんどく》してから、書《か》きうつしましょう。

「ま、豆太《まめた》、しんぺえすんな。じさまは、じさまは、ちょっと、はらがいてえだけだ。」

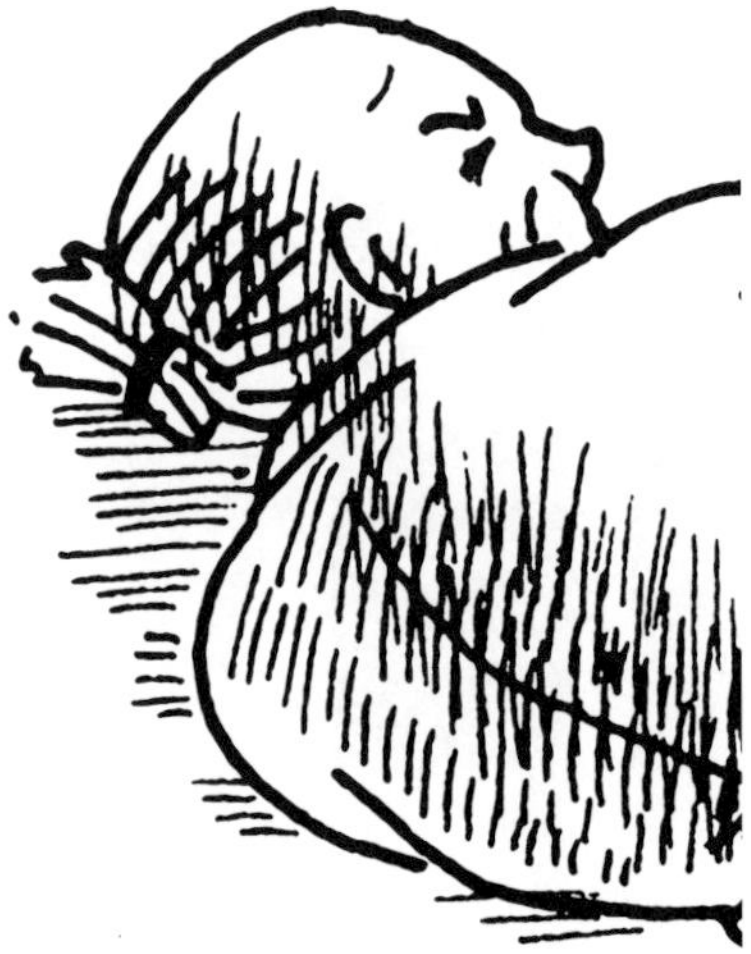

★書《か》き終《お》わったら、もう一度《いちど》、音読《おんどく》しましょう。

（令和二年度版　東京書籍　新しい国語　三下　斎藤　隆介）

※「モチモチの木」の教材は、令和二年度版　光村図書　国語　三下　あおぞら、令和二年度版　教育出版　ひろがる言葉　小学国語　三下　にも掲載されています。

# モチモチの木《き》 ④

名前

文章《ぶんしょう》を音読《おんどく》してから、書《か》きうつしましょう。

まくらもとで、くま
みたいに体《からだ》を丸《まる》めてう
なっていたのは、じさ
まだった。
「じさまっ!」

★書《か》き終《お》わったら、もう一度《いちど》、音読《おんどく》しましょう。

※「モチモチの木」の教材は、令和二年度版 光村図書 国語 三下 あおぞら、令和二年度版 教育出版 ひろがる言葉 小学国語 三下 にも掲載されています。

(令和二年度版 東京書籍 新しい国語 三下 斎藤 隆介)

# モチモチの木《き》 ⑤

名前

文章《ぶんしょう》を音読《おんどく》してから、書《か》きうつしましょう。

こわくて、びっくらして、
豆太《まめた》はじさまにとびついた。
けれどもじさまは、ころり
とたたみに転《ころ》げると、歯《は》を
食《く》いしばって、ますますす
ごくうなるだけだ。

（令和二年度版　東京書籍　新しい国語　三下　斎藤　隆介）

★書《か》き終《お》わったら、もう一度《いちど》、音読《おんどく》しましょう。

※「モチモチの木」の教材は、令和二年度版　光村図書　国語　三下　あおぞら、令和二年度版　教育出版　ひろがる言葉　小学国語　三下　にも掲載されています。

# モチモチの木《き》 ⑥

名前

文章《ぶんしょう》を音読《おんどく》してから、書《か》きうつしましょう。

――医者様《いしゃさま》を、よばなくっちゃ！

豆太《まめた》は小犬《こいぬ》みたいに体《からだ》を丸《まる》めて、表戸《おもてど》を体《からだ》でふっとばして走《はし》りだした。

（令和二年度版　東京書籍　新しい国語　三下　斎藤　隆介）

★書《か》き終《お》わったら、もう一度《いちど》、音読《おんどく》しましょう。

※「モチモチの木」の教材は、令和二年度版　光村図書　国語　三下　あおぞら、令和二年度版　教育出版　ひろがる言葉　小学国語　三下　にも掲載されています。

# モチモチの木《き》 ⑦

名前

文章《ぶんしょう》を音読《おんどく》してから、書《か》きうつしましょう。

ねまきのまんま。はだしで。半道《はんみち》もあるふもとの村《むら》まで……。外《そと》はすごい星《ほし》で、月《つき》も出《で》ていた。

★書《か》き終《お》わったら、もう一度《いちど》、音読《おんどく》しましょう。

（令和二年度版　東京書籍　新しい国語　三下　斎藤　隆介）

※「モチモチの木」の教材は、令和二年度版　光村図書　国語　三下　あおぞら、令和二年度版　教育出版　ひろがる言葉　小学国語　三下　にも掲載されています。

# モチモチの木《き》 ⑧

名前

文章《ぶんしょう》を音読《おんどく》してから、書《か》きうつしましょう。

とうげの下《くだ》りの坂道《さかみち》は、一《いち》面《めん》の真《ま》っ白《しろ》いしもで、雪《ゆき》みたいだった。しもが足《あし》にかみついた。足《あし》からは血《ち》が出《で》た。豆太《まめた》はなきなき走《はし》った。

（令和二年度版　東京書籍　新しい国語　三下　斎藤　隆介）

★書《か》き終《お》わったら、もう一度《いちど》、音読《おんどく》しましょう。

※「モチモチの木」の教材は、令和二年度版　光村図書　国語　三下　あおぞら、令和二年度版　教育出版　ひろがる言葉　小学国語　三下　にも掲載されています。

# モチモチの木《き》 ⑨

名前

文章《ぶんしょう》を音読《おんどく》してから、書《か》きうつしましょう。

いたくて、寒《さむ》くて、こわか
ったからなぁ。

でも、大《だい》すきなじさまの
死《し》んじまうほうが、もっと
こわかったから、なきなき
ふもとの医者様《いしゃさま》へ走《はし》った。

★書《か》き終《お》わったら、もう一度《いちど》、音読《おんどく》しましょう。

（令和二年度版　東京書籍　新しい国語　三下　斎藤　隆介）

※「モチモチの木」の教材は、令和二年度版　光村図書　国語　三下　あおぞら、令和二年度版　教育出版　ひろがる言葉　小学国語　三下　にも掲載されています。

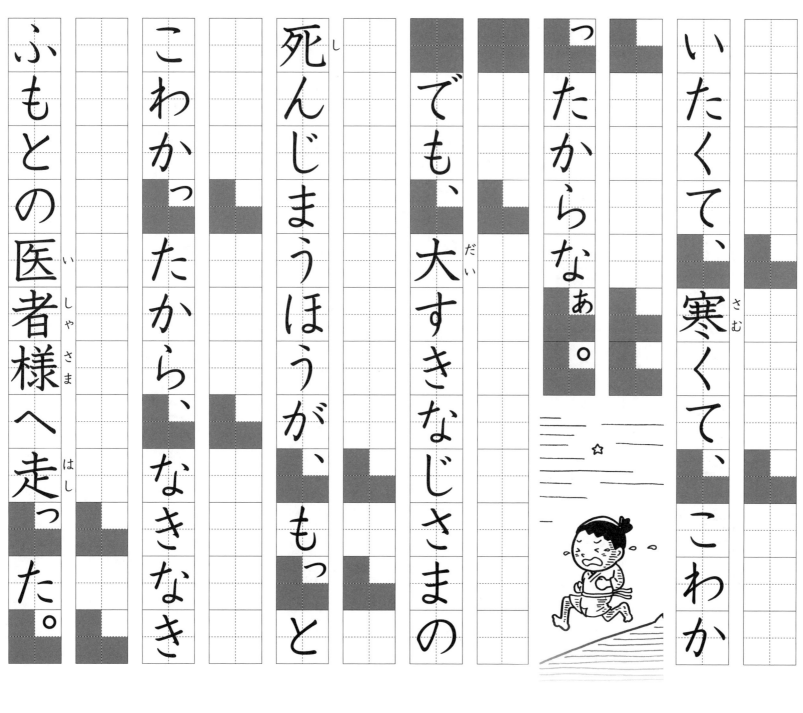

# 赤《あか》とんぼ ①

名前

詩《し》を音読《おんどく》してから、書《か》きうつしましょう。

## 赤《あか》とんぼ

三木《みき》 露風《ろふう》

夕《ゆう》やけ小《こ》やけの赤《あか》とんぼ
負《お》われて見《み》たのはいつの日《ひ》か
山《やま》の畑《はたけ》のくわの実《み》を
小《こ》かごにつんだはまぼろしか

★書《か》き終《お》わったら、もう一度《いちど》、音読《おんどく》しましょう。

（令和二年度版　東京書籍　新しい国語　三下　三木　露風）

# 赤《あか》とんぼ ②

名前

詩《し》を音読《おんどく》してから、書《か》きうつしましょう。

十五《じゅうご》でねえやはよめにゆき

お里《さと》のたよりもたえはてた

夕《ゆう》やけ小《こ》やけの赤《あか》とんぼ

止《と》まっているよさおの先《さき》

★書《か》き終《お》わったら、もう一度《いちど》、音読《おんどく》しましょう。

（令和二年度版　東京書籍　新しい国語　三下　三木　露風）

# 赤《あか》とんぼ ③

名前

詩《し》を音読《おんどく》して、おぼえましょう。また、詩《し》を書《か》きましょう。

## 赤《あか》とんぼ

三木《みき》 露風《ろふう》

夕《ゆう》やけ小《こ》やけの赤《あか》とんぼ
負《お》われて見《み》たのはいつの日《ひ》か
山《やま》の畑《はたけ》のくわの実《み》を
小《こ》かごにつんだはまぼろしか
十五《じゅうご》でねえやはよめにゆき
お里《さと》のたよりもたえはてた
夕《ゆう》やけ小《こ》やけの赤《あか》とんぼ
止《と》まっているよさおの先《さき》

★書《か》き終《お》わったら、もう一度《いちど》、音読《おんどく》しましょう。

（令和二年度版　東京書籍　新しい国語　三下　三木　露風）

# 赤《あか》とんぼ

④

名前

詩《し》を暗《あん》しょうしましょう。おぼえたら書《か》きましょう。

## 赤《あか》とんぼ

三木《みき》 露風《ろふう》

夕《ゆう》　こ　赤《あか》

負《お》　み　い　ひ

山《やま》　畑《はたけ》　く　み

小《こ》　ま

十《じゅう》　ご　よ

お　さと　た

夕《ゆう》　小《こ》　赤《あか》

止《と》　さ　さき

★書《か》き終《お》わったら、もう一度《いちど》、音読《おんどく》しましょう。

（令和二年度版　東京書籍　新しい国語　三下　三木　露風）

# いちばんぼし ①

名前

詩《し》を音読《おんどく》してから、書《か》き写《うつ》しましょう。

## いちばんぼし

まど・みちお

いちばんぼしが　でた

うちゅうの

目《め》のようだ

★書《か》き終《お》わったら、もう一度《いちど》、音読《おんどく》しましょう。

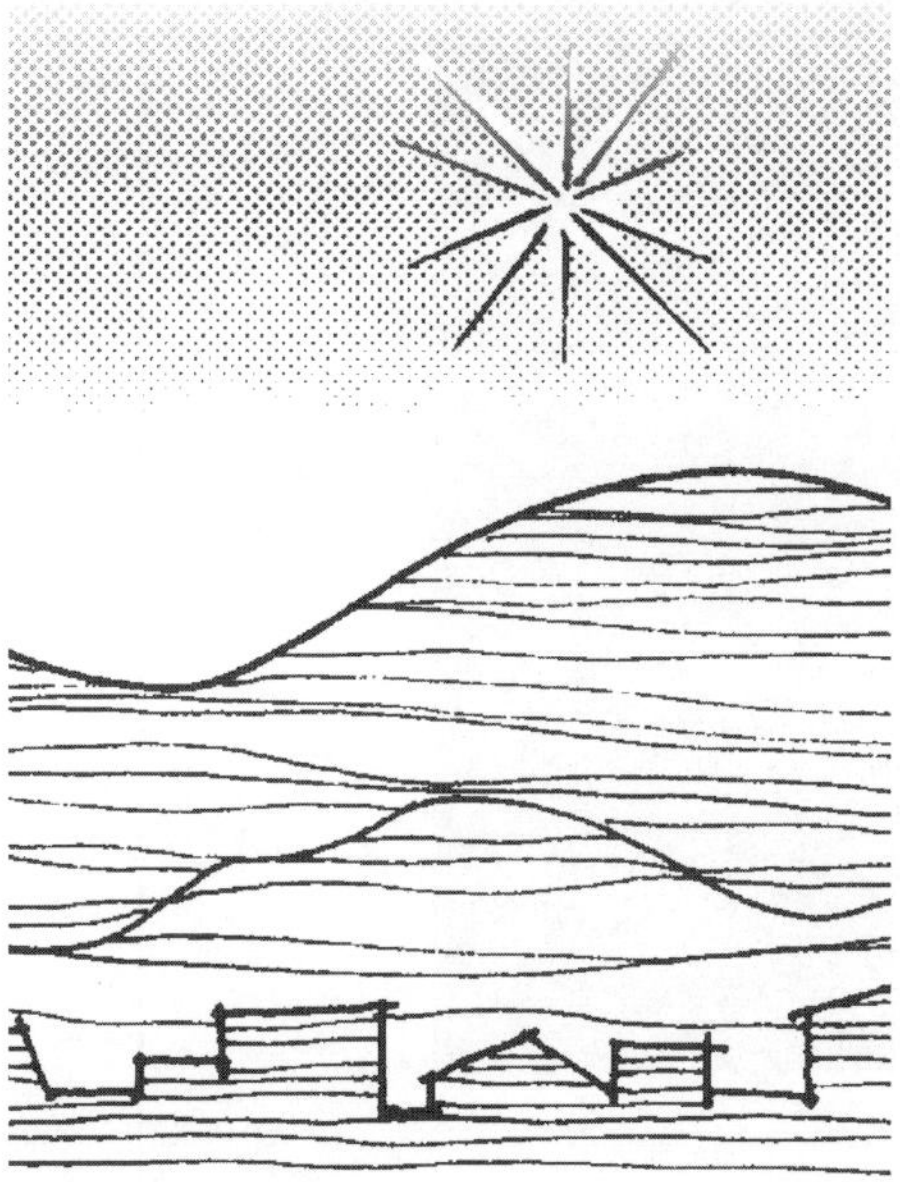

（令和二年度版　教育出版　ひろがる言葉　小学国語　三下　まど・みちお）

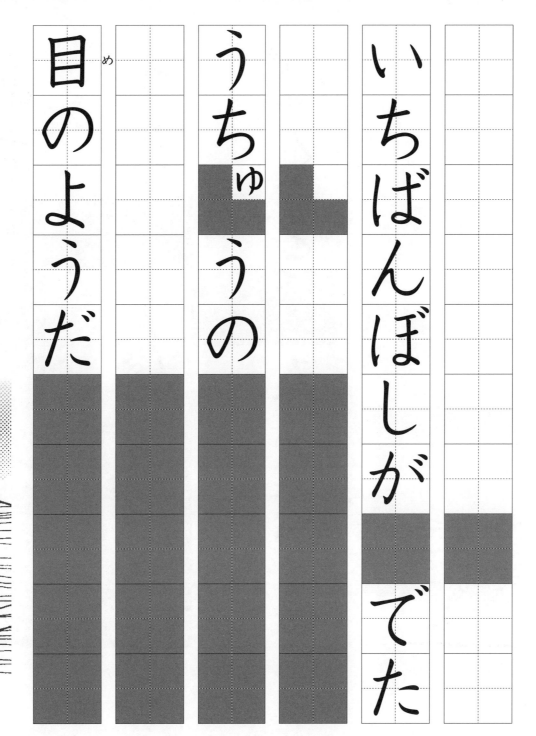

# いちばんぼし　②

名前

詩《し》を音読《おんどく》してから、書《か》き写《うつ》しましょう。

ああ
うちゅうが
ぼくをみている

★書《か》き終《お》わったら、もう一度《いちど》、音読《おんどく》しましょう。

（令和二年度版　教育出版　ひろがる言葉　小学国語　三下　まど・みちお）

# いちばんぼし ③

名前

詩《し》を音読《おんどく》して、おぼえましょう。また、詩《し》を書《か》きましょう。

## いちばんぼし

まど・みちお

いちばんぼしが　でた
うちゅうの
目《め》のようだ
ああ
うちゅうが
ぼくを　みている

★書《か》き終《お》わったら、もう一度《いちど》、音読《おんどく》しましょう。

（令和二年度版　教育出版　ひろがる言葉　小学国語　三下　まど・みちお）

# いちばんぼし ④

名前

詩《し》を暗《あん》しょうしましょう。おぼえたら書《か》きましょう。

## いちばんぼし

まど・みちお

い
で
う
目《め》
あ
う
ぼ
み

★書《か》き終《お》わったら、もう一度《いちど》、音読《おんどく》しましょう。

（令和二年度版　教育出版　ひろがる言葉　小学国語　三下　まど・みちお）

# 短歌《たんか》を楽《たの》しもう ①

名前

短歌《たんか》を音読《おんどく》してから、書《か》き写《うつ》しましょう。

むしのねも
むしのねも
のこりすくなに
のこりすくなに
なりにけり
なりにけり
よなよなかぜの
よなよなかぜの
さむくしなれば
さむくしなれば

良寛《りょうかん》

★書《か》き終《お》わったら、もういちど、音読《おんどく》しましょう。

（令和二年度版　光村図書　国語　三下　あおぞら　「短歌を楽しもう」による）

# 短歌《たんか》を楽《たの》しもう　②

名前

短歌《たんか》を音読《おんどく》してから、書《か》き写《うつ》しましょう。

むしのねも
のこりすくなに
なりにけり
よなよなかぜの
さむくしなれば

良寛《りょうかん》

★書《か》き終《お》わったら、もういちど、音読《おんどく》しましょう。

（令和二年度版　光村図書　国語　三下　あおぞら「短歌を楽しもう」による）

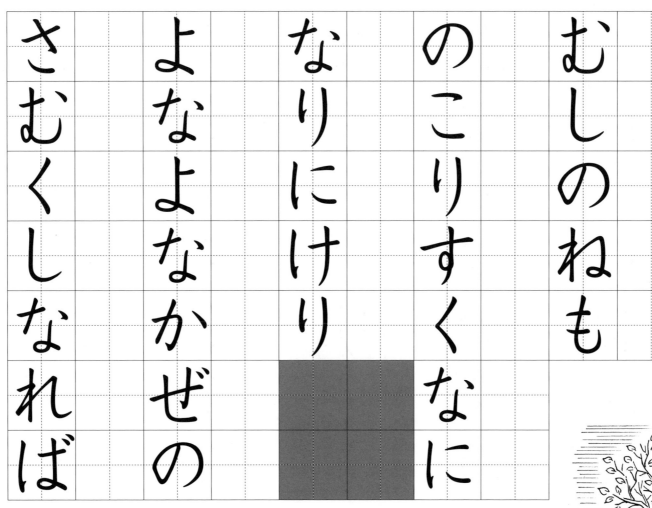

# 短《たん》歌《か》を楽《たの》しもう　③

名前

短《たん》歌《か》を音《おん》読《どく》してから、書《か》き写《うつ》しましょう。

秋来ぬと
秋《あき》来《き》ぬと
目にはさやかに
目《め》にはさやかに
見えねども
見《み》えねども
風の音にぞ
風《かぜ》の音《おと》にぞ
おどろかれぬる
おどろかれぬる

藤原《ふじわら》　敏行《としゆき》

★書《か》き終《お》わったら、もういちど、音読《おん どく》しましょう。

（令和二年度版　光村図書　国語　三下　あおぞら「短歌を楽しもう」による）

# 短歌《たんか》を楽《たの》しもう ④

名前

短歌《たんか》を音読《おんどく》してから、書《か》き写《うつ》しましょう。

秋《あき》来《き》ぬと
目《め》にはさやかに
見《み》えねども
風《かぜ》の音《おと》にぞ
おどろかれぬる

藤原《ふじわらの》 敏行《としゆき》

★書《か》き終《お》わったら、もういちど、音読《おんどく》しましょう。

（令和二年度版　光村図書　国語　三下　あおぞら「短歌を楽しもう」による）

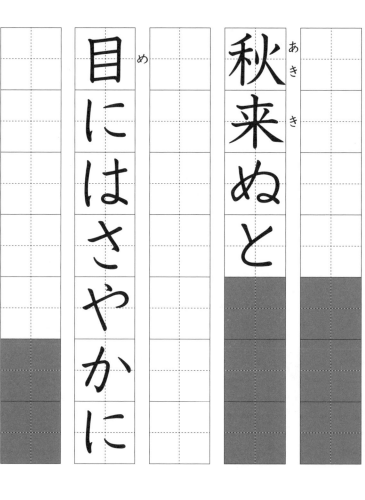

# 短歌《たんか》を楽《たの》しもう ⑤

名前

短歌《たんか》を音読《おんどく》してから、書《か》き写《うつ》しましょう。

奥山に
奥山《おくやま》に

紅葉踏み分け
紅葉《もみじ》踏《ふ》み分《わ》け

鳴く鹿の
鳴《な》く鹿《しか》の

声聞く時ぞ
声《こえ》聞《き》く時《とき》ぞ

秋は悲しき
秋《あき》は悲《かな》しき

猿丸大夫《さるまるだゆう》

★書《か》き終《お》わったら、もういちど、音読《おんどく》しましょう。

（令和二年度版　光村図書　国語　三下　あおぞら　「短歌を楽しもう」による）

# 短歌《たんか》を楽《たの》しもう ⑥

名前

短歌《たんか》を音読《おんどく》してから、書《か》き写《うつ》しましょう。

奥山《おくやま》に
紅葉《もみじ》踏《ふ》み分《わ》け
鳴《な》く鹿《しか》の
声《こえ》聞《き》く時《とき》ぞ
秋《あき》は悲《かな》しき

猿丸大夫《さるまるだゆう》

★書《か》き終《お》わったら、もういちど、音読《おんどく》しましょう。

（令和二年度版　光村図書　国語　三下　あおぞら「短歌を楽しもう」による）

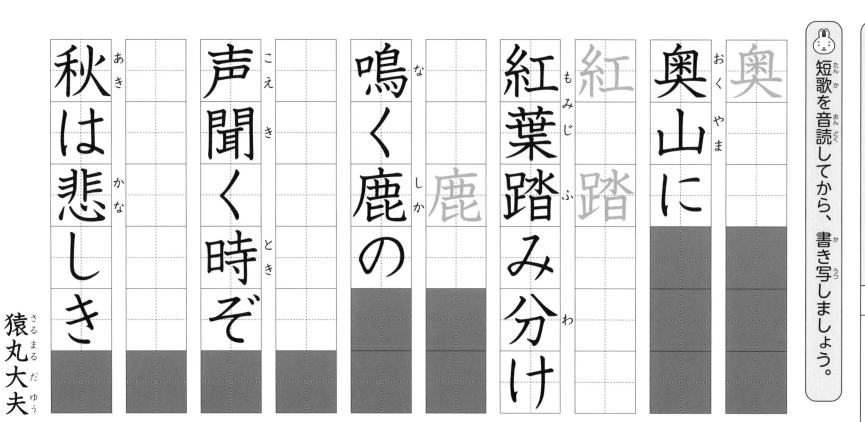

# 短歌《たんか》を楽《たの》しもう ⑦

名前

短歌《たんか》を音読《おんどく》してから、書《か》き写《うつ》しましょう。

天の原
天《あま》の原《はら》
振りさけ見れば
振《ふ》りさけ見《み》れば
春日なる
春日《かすが》なる
三笠の山に
三笠《みかさ》の山《やま》に
出でし月かも
出《い》でし月《つき》かも

安倍《あべの》仲麿《なかまろ》

★書《か》き終《お》わったら、もういちど、音読《おんどく》しましょう。

（令和二年度版　光村図書　国語　三下　あおぞら「短歌を楽しもう」による）

# 短歌《たんか》を楽《たの》しもう ⑧

名前

短歌《たんか》を音読《おんどく》してから、書《か》き写《うつ》しましょう。

天《あま》の原《はら》
振《ふ》りさけ見《み》れば
春日《かすが》なる
三笠《みかさ》の山《やま》に
出《い》でし月《つき》かも

安倍《あべ》仲麿《のなかまろ》

★書《か》き終《お》わったら、もういちど、音読《おんどく》しましょう。

（令和二年度版　光村図書　国語　三下　あおぞら　「短歌を楽しもう」による）

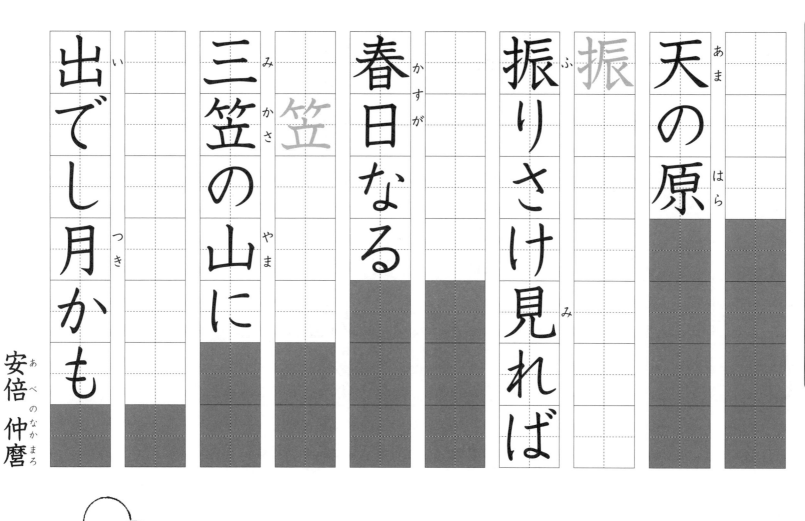

# 短歌《たんか》を楽《たの》しもう　⑨

名前

短歌《たんか》を音読《おんどく》して、おぼえましょう。また、短歌《たんか》を書《か》きましょう。

むしのねも
のこりすくなに
なりにけり
よなよなかぜの
さむくしなれば

良寛《りょうかん》

秋《あき》来《き》ぬと
目《め》にはさやかに
見《み》えねども
風《かぜ》の音《おと》にぞ
おどろかれぬる

藤原《ふじわらの》　敏行《としゆき》

★書《か》き終《お》わったら、もういちど、音読《おんどく》しましょう。

（令和二年度版　光村図書　国語　三下　あおぞら　「短歌を楽しもう」　による）

# 短歌《たんか》を楽《たの》しもう ⑩

名前

短歌《たんか》を暗《あん》しょうしましょう。おぼえたら書《か》きましょう。

む
の
な
よ
さ

良寛《りょうかん》

秋《あき》 き
目《め》
見《み》
風《かぜ》 おと
お

藤原敏行《ふじわらのとしゆき》

★書《か》き終《お》わったら、もういちど、音読《おんどく》しましょう。

（令和二年度版　光村図書　国語　三下　あおぞら「短歌を楽しもう」による）

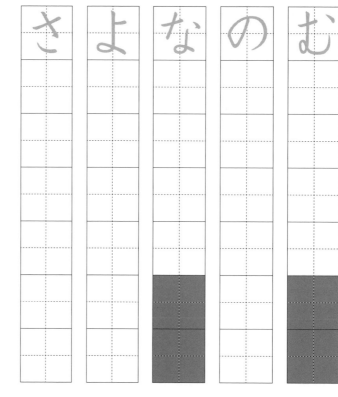

# 短歌《たんか》を楽《たの》しもう ⑪

名前

短歌《たんか》を音読《おんどく》して、おぼえましょう。また、短歌《たんか》を書《か》きましょう。

奥山《おくやま》に
紅葉《もみじ》踏《ふ》み分《わ》け
鳴《な》く鹿《しか》の
声《こえ》聞《き》く時《とき》ぞ
秋《あき》は悲《かな》しき

猿丸大夫《さるまるだゆう》

天《あま》の原《はら》
振《ふ》りさけ見《み》れば
春日《かすが》なる
三笠《みかさ》の山《やま》に
出《い》でし月《つき》かも

安倍仲麿《あべのなかまろ》

★書《か》き終《お》わったら、もういちど、音読《おんどく》しましょう。

（令和二年度版　光村図書　国語　三下　あおぞら　「短歌を楽しもう」による）

# 短歌《たんか》を楽《たの》しもう ⑫

名前

短歌《たんか》を暗《あん》しょうしましょう。おぼえたら書《か》きましょう。

奥《おくやま》
紅《もみじ》踏《ふ》わ
鳴《な》鹿《しか》
声《こえ》き とき
秋《あき》かな

猿丸大夫《さるまるだゆう》

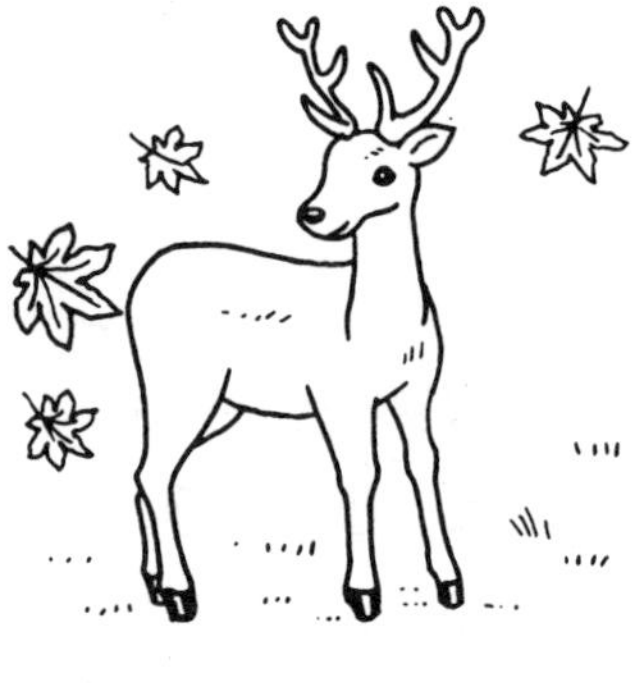

天《あま》はら
振《ふ》み
春《かすが》
三笠《みかさ》やま
出《い》つき

安倍《あべ》仲麿《なかまろ》

★書《か》き終《お》わったら、もういちど、音読《おんどく》しましょう。

（令和二年度版　光村図書　国語　三下　あおぞら「短歌を楽しもう」による）

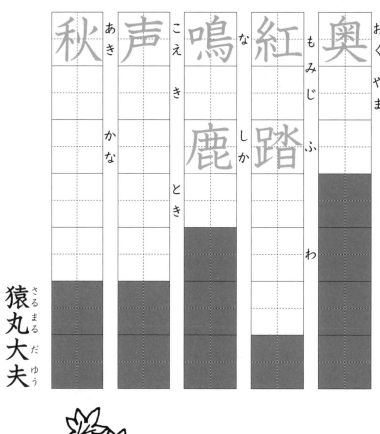

ゆき ①

名前

詩《し》を音読《おんどく》してから、書《か》き写《うつ》しましょう。

# ゆき

川崎《かわさき》　洋《ひろし》

はつゆき　ふった

こなゆき　だった

くつの下《した》で

きゅっきゅとないた

★書《か》き終《お》わったら、もう一度《いちど》、音読《おんどく》しましょう。

（令和二年度版　光村図書　国語　三下　あおぞら　川崎　洋）

# ゆき　②

名前

詩《し》を音読《おんどく》してから、書《か》き写《うつ》しましょう。

どかゆき　ふった
のしのし　ふって
ずんずん　つもり
ねゆきに　なった

★書《か》き終《お》わったら、もう一度《いちど》、音読《おんどく》しましょう。

（令和二年度版　光村図書　国語　三下　あおぞら　川崎　洋）

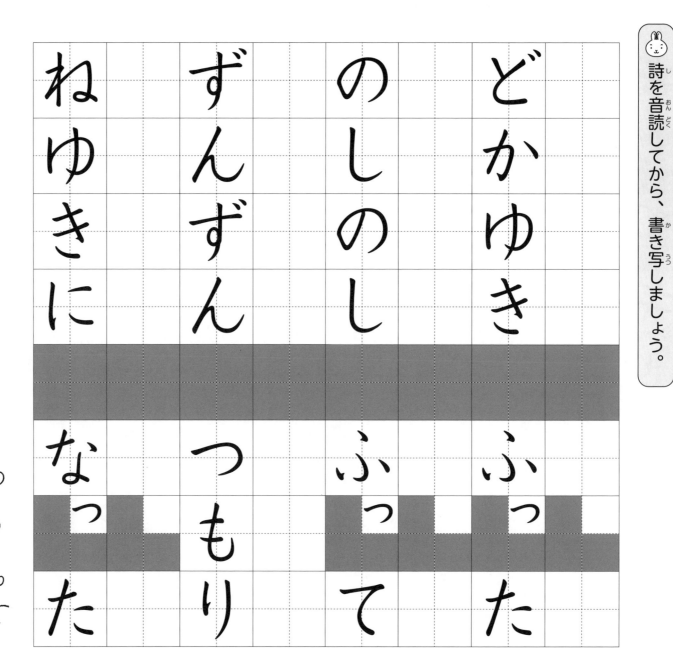

## ゆき ③

名前

詩《し》を音読《おんどく》してから、書《か》き写《うつ》しましょう。

べたゆき ふって

ぼたゆき ふって

ざらめゆきに なって

もうすぐ 春《はる》だ

★書《か》き終《お》わったら、もう一度《いちど》、音読《おんどく》しましょう。

（令和二年度版 光村図書 国語 三下 あおぞら 川崎 洋）

# ゆき　④

名前

詩《し》を音読《おんどく》して、おぼえましょう。また、詩《し》を書《か》きましょう。

## ゆき

川崎《かわさき》　洋《ひろし》

はつゆき　ふった
こなゆき　だった
くつの下《した》で
きゅっきゅと　ないた

★書《か》き終《お》わったら、もう一度《いちど》、音読《おんどく》しましょう。

（令和二年度版　光村図書　国語　三下　あおぞら　川崎　洋）

# ゆき ⑤

名前

詩《し》を暗《あん》しょうしましょう。おぼえたら書《か》きましょう。

## ゆき

川崎《かわさき》 洋《ひろし》

は　ふ

こ　だ

く

した

き

★書《か》き終《お》わったら、もう一度《いちど》、音読《おんどく》しましょう。

（令和二年度版　光村図書　国語　三下　あおぞら　川崎　洋）

# ゆき　⑥

名前

詩《し》を音読《おんどく》して、おぼえましょう。また、詩《し》を書《か》きましょう。

どかゆき　ふった
のしのし　ふって
ずんずん　つもり
ねゆきに　なった

べたゆき　ふって
ぼたゆき　ふって
ざらめゆきに　なって
もうすぐ　春《はる》だ

★書《か》き終《お》わったら、もう一度《いちど》、音読《おんどく》しましょう。

（令和二年度版　光村図書　国語　三下　あおぞら　川崎　洋）

# ゆき ⑦

名前

詩《し》を暗《あん》しょうしましょう。おぼえたら書《か》きましょう。

ど　ふ
の　ふ
ず　つ
ね　な
べ　ふ
ぼ　ふ
ざ　な
も　春《はる》

★書《か》き終《お》わったら、もう一度《いちど》、音読《おんどく》しましょう。

（令和二年度版　光村図書　国語　三下　あおぞら　川崎　洋）

# 詩《し》のくふうを楽《たの》しもう ①

名前

詩《し》を音読《おんどく》してから、書《か》き写《うつ》しましょう。

はせ　みつこ

ことばはつなぐ
とおくとちかく
ばらとみつばち
だれかとだれか

★書《か》き終《お》わったら、もう一度《いちど》、音読《おんどく》しましょう。

（令和二年度版　光村図書　国語　三下　あおぞら　はせ　みつこ）

# 詩《し》のくふうを楽《たの》しもう ②

名前

詩《し》を音読《おんどく》してから、書《か》き写《うつ》しましょう。

いまとむかし
すきときらい
きみとわたし

★書《か》き終《お》わったら、もう一度《いちど》、音読《おんどく》しましょう。

（令和二年度版　光村図書　国語　三下　あおぞら　はせ　みつこ）

# 詩《し》のくふうを楽《たの》しもう ③

名前

詩《し》を音読《おんどく》して、おぼえましょう。また、詩《し》を書《か》きましょう。

はせ　みつこ

ことばはつなぐ
とおくとちかく
ばらとみつばち
だれかとだれか
いまとむかし
すきときらい
きみとわたし

★書《か》き終《お》わったら、もう一度《いちど》、音読《おんどく》しましょう。

（令和二年度版　光村図書　国語　三下　あおぞら　はせ　みつこ）

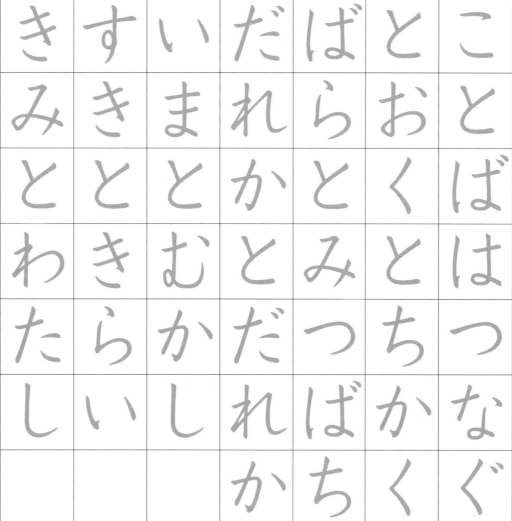

# 詩《し》のくふうを楽《たの》しもう ④

名前

詩《し》を暗《あん》しょうしましょう。おぼえたら書《か》きましょう。

はせ みつこ

ことばだいすき

★書《か》き終《お》わったら、もう一度《いちど》、音読《おんどく》しましょう。

（令和二年度版　光村図書　国語　三下　あおぞら　はせ　みつこ）

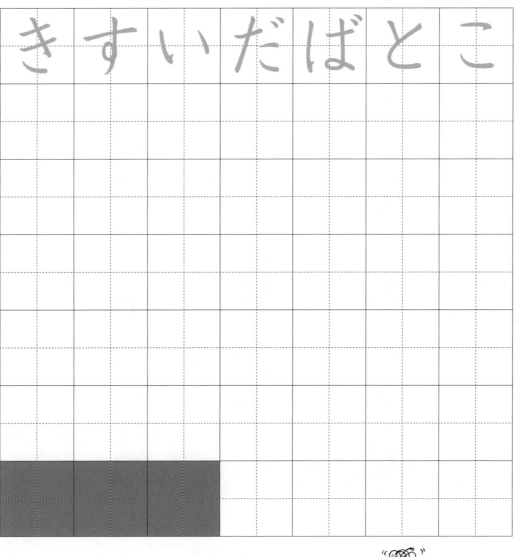

# おにたのぼうし ①

名前

文章《ぶんしょう》を音読《おんどく》してから、書《か》き写《うつ》しましょう。

女《おんな》の子《こ》が出《で》ていくと、雪《ゆき》まみれの麦《むぎ》わらぼうしを深《ふか》くかぶった男《おとこ》の子《こ》が立《た》っていました。そして、ふきんをかけたおぼんのような物《もの》をさし出《だ》したのです。

★書《か》き終《お》わったら、もう一度《いちど》、音読《おんどく》しましょう。

（令和二年度版　教育出版　ひろがる言葉　小学国語　三下　あまん　きみこ）

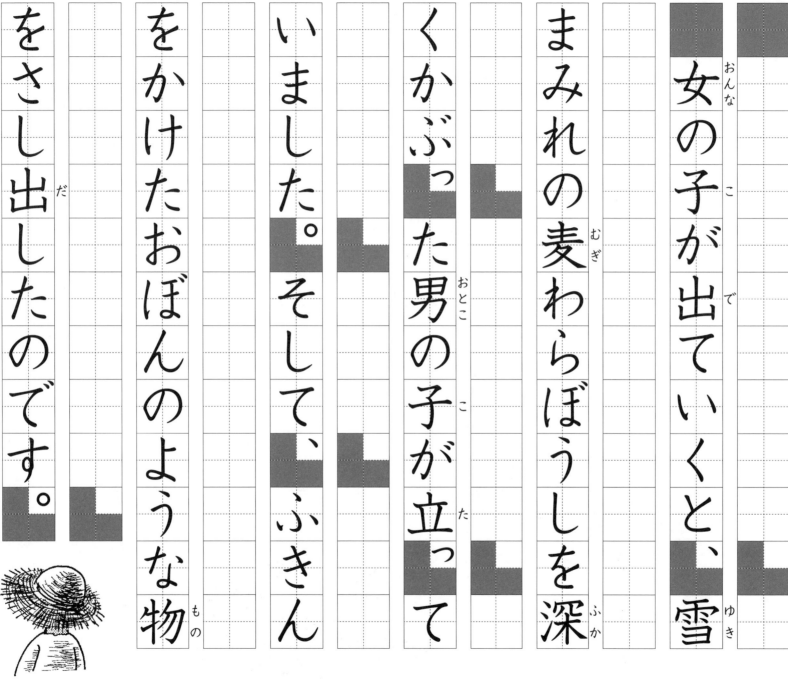

# おにたのぼうし ②

名前

文章《ぶんしょう》を音読《おんどく》してから、書《か》き写《うつ》しましょう。

節

「節《せつ》分《ぶん》だから、ごちそうがあまったんだ。」

おにたは、一生《いっしょう》けんめい、さっき女《おんな》の子《こ》が言《い》ったとおりに言《い》いました。

★書《か》き終《お》わったら、もう一度《いちど》、音読《おんどく》しましょう。

（令和二年度版　教育出版　ひろがる言葉　小学国語　三下　あまん　きみこ）

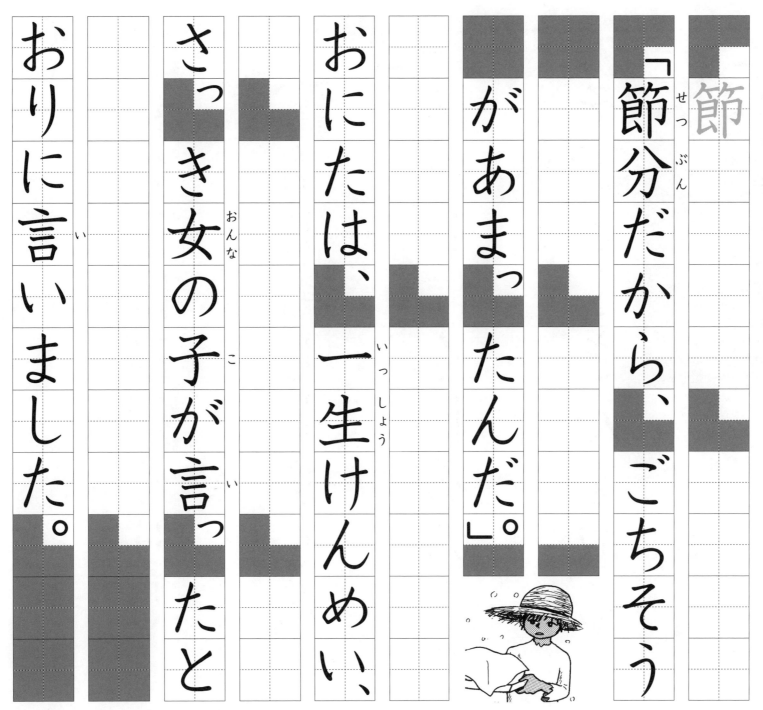

# おにたのぼうし ③

名前

文章《ぶんしょう》を音読《おんどく》してから、書《か》き写《うつ》しましょう。

女《おんな》の子《こ》はびっくりして、もじもじしました。

「あたしにくれるの？」

そっとふきんを取《と》ると、

★書《か》き終《お》わったら、もう一度《いちど》、音読《おんどく》しましょう。

（令和二年度版　教育出版　ひろがる言葉　小学国語　三下　あまん　きみこ）

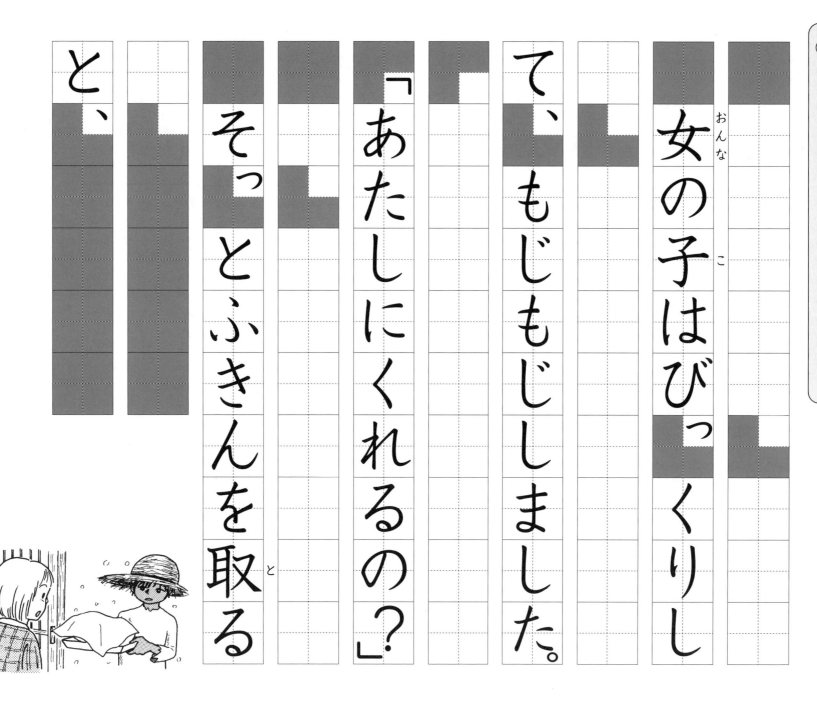

# おにたのぼうし ④

名前

文章《ぶんしょう》を音読《おんどく》してから、書《か》き写《うつ》しましょう。

温《あたた》かそうな赤《あか》ごはんと、うぐいす色《いろ》のに豆《まめ》が、湯気《ゆげ》をたてています。

女《おんな》の子《こ》の顔《かお》が、ぱっと赤《あか》くなりました。そして、にこっとわらいました。

★書《か》き終《お》わったら、もう一度《いちど》、音読《おんどく》しましょう。

（令和二年度版　教育出版　ひろがる言葉　小学国語　三下　あまん　きみこ）

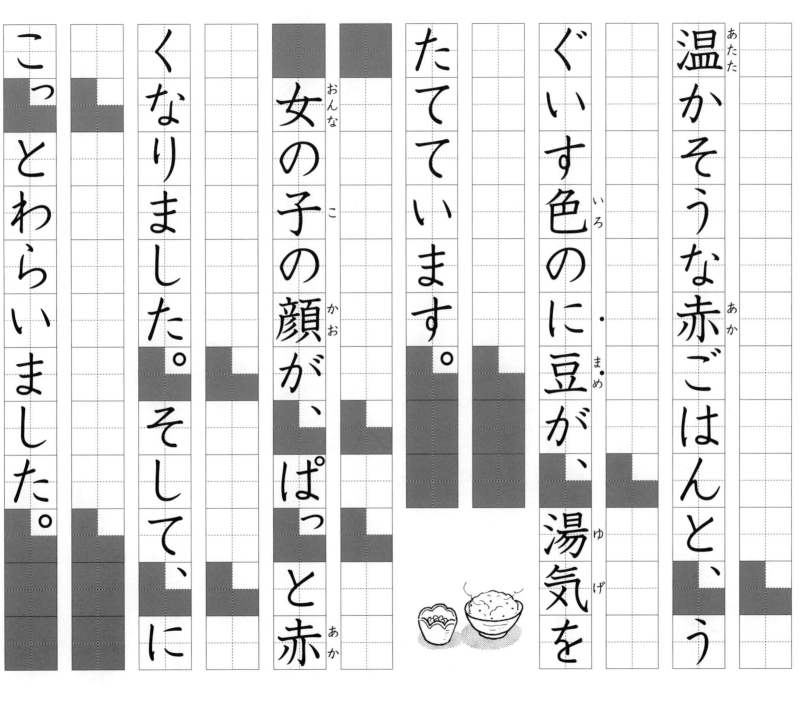

# 修飾語《しゅうしょくご》を使《つか》った文作《ぶんづく》り　①-(1)

名前

● 修飾語《しゅうしょくご》を□からえらんで（　）に書《か》き、文《ぶん》を作《つく》りましょう。

①

主語《しゅご》　わたしは、　→　述語《じゅつご》　見《み》ました。

いつ（　　）、わたしは、どんな（　　）何《なに》を（　　）見《み》ました。

きのう　小《ちい》さな　犬《いぬ》を

きのう、わたしは、見ました。

②

主語《しゅご》　鳥《とり》が、　→　述語《じゅつご》　とぶ。

どんな（　　）鳥《とり》が、どこを（　　）どのように（　　）とぶ。

白《しろ》い　空《そら》を　ゆっくりと

白い鳥が、

# 修飾語《しゅうしょくご》を使《つか》った文作《ぶんづく》り ①-(2)

名前

● 次《つぎ》の文《ぶん》に□の修飾語《しゅうしょくご》を入《い》れて、文《ぶん》を作《つく》りましょう。

① 主語《しゅご》 こまが、 述語《じゅつご》 まわる。

| だれの | 何《なん》の | どこを | どのように |
|---|---|---|---|
| 妹《いもうと》の | つくえの | 上《うえ》を | くるくると |

こまが、まわる。

② 主語《しゅご》 わたしは、 述語《じゅつご》 走《はし》った。

| いつ | どこを | どれだけ |
|---|---|---|
| きのう | 運動場《うんどうじょう》を | 五《ご》しゅう |

わたしは、走った。

# 修飾語《しゅうしょくご》を使《つか》った文作《ぶんづく》り　①-(3)

名前

● 次《つぎ》の文《ぶん》に□の修飾語《しゅうしょくご》を入《い》れて、文《ぶん》を作《つく》りましょう。

① 主語《しゅご》　ぼくは、　述語《じゅつご》　走《はし》った。

どのように　力《ちから》いっぱい

ぼくは、力いっぱい走った。

② 主語《しゅご》　わたしは、　述語《じゅつご》　読《よ》む。

いつ　きょう

何《なに》を　本《ほん》を

きょう、

③ 主語《しゅご》　花《はな》が、　述語《じゅつご》　さいた。

いつ　きのう

どんな　赤《あか》い

どこに　花《か》だんに

きのう、

# 修飾語《しゅうしょくご》を使《つか》った文作《ぶんづく》り　①-(4)

名前

● 次《つぎ》の文《ぶん》に□の修飾語《しゅうしょくご》を入《い》れて、文《ぶん》を作《つく》りましょう。

①

主語《しゅご》　水《みず》が、

述語《じゅつご》　流《なが》れる。

どこの　川《かわ》の

どのように　さらさらと

川の水が、

②

主語《しゅご》　兄《にい》さんが、

述語《じゅつご》　つりました。

どこの　となりの

何《なに》を　魚《さかな》を

となりの兄さんが、

③

主語《しゅご》　わたしは、

述語《じゅつご》　ほりました。

いつ　きのう

どんな　大《おお》きな

何《なに》を　さつまいもを

きのう、わたしは、

# 修飾語《しゅうしょくご》を使《つか》った文作《ぶんづく》り ②

名前

● 次《つぎ》の二人《ふたり》の会話《かいわ》を聞《き》いて、くわしく表《あらわ》す文《ぶん》を作《つく》りましょう。

① 主語《しゅご》を書《か》きましょう。

わたしは

② 述語《じゅつご》を書《か》きましょう。

書きました

③ 右《みぎ》の二人《ふたり》の会話《かいわ》を一《ひと》つの文《ぶん》にしましょう。

| 主語《しゅご》 | いつ | どんな |
| --- | --- | --- |
| わ、 | き | 転 |

| だれに | 何《なに》を | 述語《じゅつご》 |
| --- | --- | --- |
| 友 | 手 | 書　。 |

# 様子《ようす》を表《あらわ》す言葉《ことば》を使《つか》った文作《ぶんづく》り ①

名前

● 「どんな」や「どのように」を表《あらわ》す言葉《ことば》を使《つか》って〈れい〉のように文《ぶん》を作《つく》りましょう。

〈れい〉

どんな

おさない 子《こ》どもが、

どのように

ゆっくり 話《はな》す。

（ おさない ）（ ゆっくり ）

おさない子どもが、
ゆっくり話す。

①

（ かわいい ）（ はきはきと ）

子どもが、
話す。

②

（ 活発《かっぱつ》な ）（ どうどうと ）

子どもが、
話す。

# 様子《ようす》を表《あらわ》す言葉《ことば》を使《つか》った文作《ぶんづく》り ②

名前

● 「どんな」や「どのように」を表《あらわ》す言葉《ことば》を使《つか》って〔れい〕のように文《ぶん》を作《つく》りましょう。

〔れい〕 （どんな）元気な お兄《にい》さんが、（どのように）すばやく 走《はし》る。

（ 元気《げんき》な ／ すばやく ）

元気なお兄さんが、すばやく走る。

①

（ ふくよかな ／ どたばた ）

お兄さんが、走る。

②

（ たくましい ／ さっそうと ）

お兄さんが、走る。

## 同《おな》じ読《よ》み方《かた》でちがう意味《いみ》の漢字《かんじ》を使《つか》った文作《ぶんづく》り ①

名前

● 絵《え》を見《み》て、――線《せん》の言葉《ことば》にあてはまる漢字《かんじ》を［　］からえらんで、文《ぶん》を書《か》きましょう。

① わたしは、ひに当《あ》たります。

火・日

わたしは、火に当たります。

わたしは、

② はが、とてもきれいです。

歯・葉

が、とてもきれいです。

が、です。

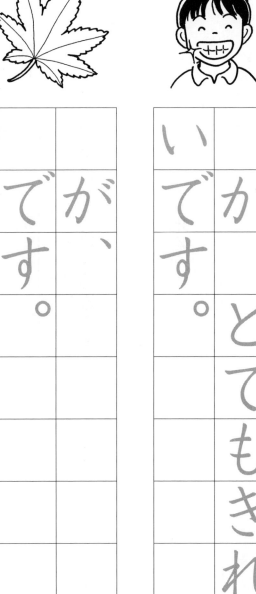

# 同《おな》じ読《よ》み方《かた》でちがう意味《いみ》の漢字《かんじ》を使《つか》った文作《ぶんづく》り ②

名前

● 次《つぎ》の文《ぶん》の――線《せん》の言葉《ことば》にあてはまる漢字《かんじ》を□からえらんで、文《ぶん》を書《か》きましょう。

(1)

① まどをあけて、外《そと》を見《み》る。

まどを開けて、外を見る。

② 夜《よ》があけて、朝《あさ》になる。

夜が　　　、

開　明

(2)

① わたしの部屋《へや》は、二《に》かいです。

わたしの部屋は、

② その本《ほん》は、二《に》かい読《よ》んだ。

階　回

# 同《おな》じ読《よ》み方《かた》でちがう意味《いみ》の漢字《かんじ》を使《つか》った文作《ぶんづく》り ③

名前

● 次《つぎ》の文《ぶん》の――線《せん》の言葉《ことば》に合《あ》う漢字《かんじ》を□からえらんで、文《ぶん》を書《か》きましょう。

(1)

① 公園《こうえん》で、子《こ》どもがじゅうにん遊《あそ》んでいます。

公園で、子どもが遊んでいます。

② この町《まち》のじゅうにんは、なかがよいです。

この町の

十人　住人

(2)

① 町《まち》のじんこうを調《しら》べる。

町の

② じんこうえい星《せい》がとんでいる。

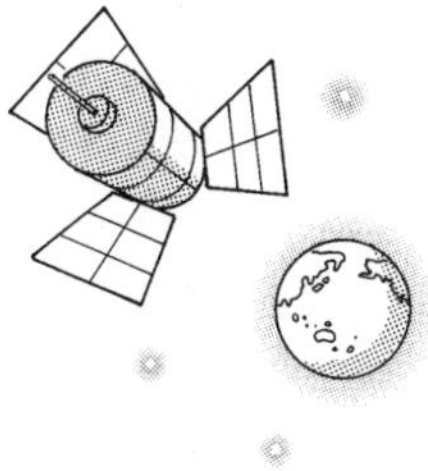

人口　人工

# ちがう意味《いみ》の使《つか》い方《かた》をする漢字《かんじ》を使《つか》った文作《ぶんづく》り

名前

● 次《つぎ》の漢字《かんじ》を、それぞれちがう意味《いみ》の使《つか》い方《かた》で、文《ぶん》を書《か》きましょう。

① 曲　キョク

バイオリンで、名《めい》曲をえんそうする。

バイオリンで、名曲をえんそうする。

ゆるやかな曲線《せん》をかく。

ゆるやかな曲線をかく。

② 長　チョウ

長時《じ》間《かん》歩《ある》いて、つかれた。

ぼくは、学級《がっきゅう》の委員《いいん》長になった。

# ことわざを使《つか》って文《ぶん》を作《つく》ろう ①-(1)

名前

● 次《つぎ》の文《ぶん》に合《あ》うことわざを□からえらんで、□に書《か》きましょう。

①

あぶない所《ところ》はないか、何度《なんど》も調《しら》べるのは、

ようだ。

②

せっかくセーターをもらったけれど、

だ。

③

友《とも》だちとけんかしたけれど、次《つぎ》の日《ひ》には、なかよくなった。

だ。

・雨《あめ》ふって 地《じ》かたまる
・石橋《いしばし》を たたいてわたる
・おびに短《みじか》し たすきに長《なが》し

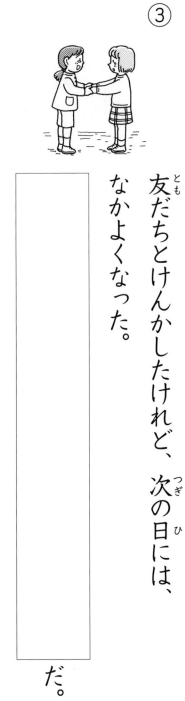

# ことわざを使《つか》って文《ぶん》を作《つく》ろう ①-(2)

名前

● 次《つぎ》の文《ぶん》に合《あ》うことわざを□からえらんで、□に書《か》きましょう。

①

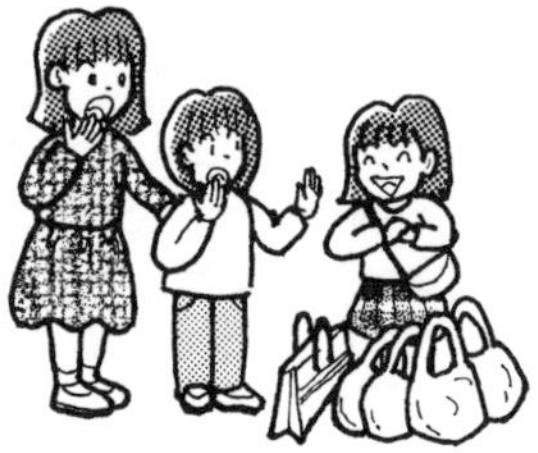

こまっている時《とき》に、友《とも》だちが助《たす》けに来《き》てくれた。そして、友《とも》だちのお姉《ねえ》さんも来《き》てくれた。

□だね。

②

一円《いちえん》ずつ、ちょ金《きん》ばこに入《い》れていたら、千円《せんえん》たまっていた。

□だ。

③

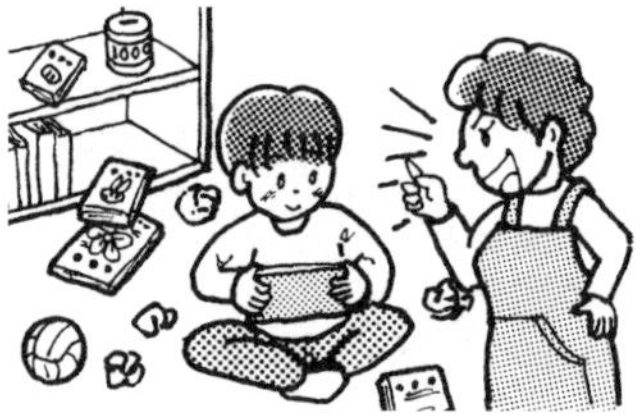

お母《かあ》さんがいつも弟《おとうと》に「かたづけなさい。」と注意《ちゅうい》している。けれど、弟《おとうと》は、

□だ。

- 馬《うま》の耳《みみ》に ねんぶつ
- おにに 金《かな》ぼう
- ちりもつもれば 山《やま》となる

# ことわざを使《つか》って文《ぶん》を作《つく》ろう ②-(1)

名前

● （　）に□からえらんだ言葉《ことば》を入《い》れて、——線《せん》のことわざを使《つか》った文《ぶん》を書《か》きましょう。

①

お客《きゃく》さんがたくさん来《き》て、（　　）の手《て》もかりたいいそがしさだ。

お客さんがたくさん来て、　の手もかりたいいそがしさだ。

②

（　　）も木《き》から落《お》ちるように、料理上手《りょうりじょうず》な姉《あね》がしっぱいした。

も

さる　ねこ

# ことわざを使《つか》って文《ぶん》を作《つく》ろう ②-(2)

名前

● （　）に□からえらんだ言葉《ことば》を入《い》れて、——線《せん》のことわざを使《つか》った文《ぶん》を書《か》きましょう。

① わらう門《かど》には（　　）来《き》たるといって、いつも（　　）している人《ひと》には、よいことがやってきます。

わらう門には来た
るといって、いつも

にこにこ　福《ふく》

② 急《いそ》がば（　　）で、（　　）をして駅《えき》まで行《い》った。

急
をして
で、

回《まわ》れ　遠《とお》まわり

## 故事《こじ》成語《せいご》を使《つか》って文《ぶん》を作《つく》ろう ①

名前

(1) ——線《せん》は故事《こじ》成語《せいご》です。（　）に□からえらんだ漢字《かんじ》を入《い》れましょう。

㋐ その一言《ひとこと》は、蛇《だ》（　　）です。

㋑ あなたの言《い》うことは、矛《む》（盾）しています。

足《そく》　盾《じゅん》

(2) 次《つぎ》の文《ぶん》は、(1)の㋐・㋑の故事《こじ》成語《せいご》のどちらの意味《いみ》を表《あらわ》していますか。記号《きごう》を書《か》きましょう。

・話《はなし》のつじつまが合《あ》わないこと。……□

・よけいなもの。ひつようのないものをくわえて、全体《ぜんたい》をだめにしてしまうこと。……□

(3) (1)の㋐・㋑の文《ぶん》を書《か》きましょう。

㋐ その一言は、蛇

㋑ あなたの　　　　矛盾

# 故事《こじ》成語《せいご》を使《つか》って文《ぶん》を作《つく》ろう ②-(1)

名前

● ( )に[ ]からえらんだ漢字《かんじ》を入《い》れて、——線《せん》の故事《こじ》成語《せいご》を使《つか》った文《ぶん》を書《か》きましょう。

① わたしとあなたのせいせきは、

( )歩《ぽ》( )歩《ぽ》です。

わたしと

② 絵《え》のすばらしさは、何回《なんかい》も聞《き》くより一度《いちど》見《み》るほうがよくわかる。

( )聞《ぶん》は( )見《けん》にしかずだ。

絵のすばらしさは、

一　五十　百　(二回《にかい》使《つか》う字《じ》があります。)

# 故事成語《こじせいご》を使《つか》って文《ぶん》を作《つく》ろう ②-(2)

名前

● （　）に□からえらんだ漢字《かんじ》を入《い》れて、――線《せん》の故事成語《こじせいご》を使《つか》った文《ぶん》を書《か》きましょう。

① 音楽発表会《おんがくはっぴょうかい》は、歌手《かしゅ》になることへの登竜《とうりゅう》（　　）だ。

音

竜

。

② 友《とも》だちが宿題《しゅくだい》をわすれているのを見《み》て、ぼくは他山《たざん》の（　　）としよう。

友だちが宿題を

石《いし》　門《もん》

# 故《こ》事《じ》成《せい》語《ご》を使《つか》って文《ぶん》を作《つく》ろう ③

名前

● （　）にあてはまる故《こ》事《じ》成《せい》語《ご》を[　]からえらんで、文《ぶん》を書《か》きましょう。

① 今日《きょう》は、雨《あめ》がふるのではと心配《しんぱい》したが、（　　　）だった。

今日は、

杞憂

② （　　　）をつんで、しけんに合《ごう》かくできた。

蛍

功

杞憂《きゆう》　蛍雪《けいせつ》の功《こう》

# 気《き》持《も》ちを表《あらわ》す言葉《ことば》を使《つか》った文作《ぶんづく》り

名前

(1) 「どんな気《き》持《も》ちだったか」を表《あらわ》す言葉《ことば》を□からえらんで、□に書《か》きましょう。

① 小《ちい》さいころの写真《しゃしん》が出《で》てきた。

そのとき、ぼくは□。

② 友《とも》だちの転校《てんこう》が決《き》まった。

そのとき、ぼくは□。

なつかしかった　さびしくなった

(2) (1)の①、②の文《ぶん》を書《か》きましょう。

①

小さいころの写真が出てきた。そのとき、ぼくは

②

# 行動《こうどう》や気持《きも》ちを表《あらわ》す言葉《ことば》を使《つか》った文作《ぶんづく》り

名前

● 次《つぎ》の□に「どうしたか」を表《あらわ》す言葉《ことば》を□からえらんで書《か》きましょう。
（　）には、「どんな気持《きも》ちだったか」を表《あらわ》す言葉《ことば》を〔　〕からえらんで書《か》きましょう。

①

ア

山川《やまかわ》さんが、友《とも》だちと［遊んだ］。

そのとき、山川《やまかわ》さんは（　　　）。

イ

山川《やまかわ》さんが、友《とも》だちと［　　　］。

そのとき、山川《やまかわ》さんは（　　　）。

［遊《あそ》んだ　けんかした］

〔悲《かな》しかった　楽《たの》しかった〕

②

ア

ぼくは、おもちゃを［買った］。

そのとき、ぼくは（　　　）。

イ

ぼくは、おもちゃを［　　　］。

そのとき、ぼくは（　　　）。

［なくした　買《か》った］

〔わくわくした　がっかりした〕

「いつ」「どこで」「だれに」「どんな」「何《なに》を」「どうして」を使《つか》った文作《ぶんづく》り

名前

● 「わたしは、うれしかった。」の文《ぶん》を、くわしく書《か》き直《なお》しましょう。

「いつ」……… きのう
「どこで」……… ステージで
「だれに」……… 先生《せんせい》に
「どんな」……… きれいな
「何《なに》を」……… 花《はな》たばを
「どうして」… もらって

いつ
きのう、わたしは、（　　　）
どこで

だれに
（　　　）（　　　）
どんな

何《なに》を
（　　　）（　　　）

どうして
（　　　）うれしかった。

# 「いつ」「どこで」「だれと」「どんな」「何《なに》を」を使《つか》った文作《ぶんづく》り

名前

● 「お母《かあ》さんが、買《か》った。」の文《ぶん》を、くわしく書《か》き直《なお》しましょう。

「いつ」……日曜日《にちようび》
「どこで」……デパートで
「だれと」……お姉《ねえ》さんと
「どんな」……赤《あか》い
「何《なに》を」……ぼうしを

いつ（　　　　）、お母《かあ》さんが どこで（　　　　）

だれと（　　　　） どんな（　　　　） 何《なに》を（　　　　）

買《か》った。

# 相手《あいて》によくつたわる言葉《ことば》にかえた文作《ぶんづく》り ①

名前

● 次《つぎ》の文《ぶん》の——線《せん》の言葉《ことば》を、➡の言葉《ことば》に書《か》きかえて、文《ぶん》を書《か》き直《なお》しましょう。

①

友《とも》だちからの手紙《てがみ》を読《よ》んで、うれしい。

➡ かんげきした

友だちからの

②

遠《とお》くの山《やま》に登《のぼ》ってみたい。

➡ はるかなる

③

兄《あに》は、おばあさんについて歩《ある》いた。

➡ よりそって

言葉《ことば》をえらぶと様子《ようす》がよくつたわるね。

# 相手《あいて》によくつたわる言葉《ことば》にかえた文作《ぶんづく》り ②

名前

● 次《つぎ》の文《ぶん》を（　）の言葉《ことば》や［　］の言葉《ことば》を使《つか》って、相手《あいて》によくつたわる文《ぶん》を作《つく》りましょう。

①

ぼくのすきな → （お気《き》に入《い》りの）

運動《うんどう》している → （サッカーをしている）

ぼくのすきな時間《じかん》は、運動《うんどう》している時間《じかん》です。

ぼくの

②

［きのうの］

［グループで行動《こうどう》して、］

遠足《えんそく》は、楽《たの》しかったです。

③

きょうの朝《あさ》、 → （今朝《けさ》）

［ぼくのすきな］

店《みせ》を開《ひら》いた → （開店《かいてん》した）

きょうの朝《あさ》、パン屋《や》が店《みせ》を開《ひら》いた。

# 相手《あいて》によくつたわる言葉《ことば》にかえた文作《ぶんづく》り ③

名前

● だれにつたえるのかを考《かんが》えて、使《つか》う言葉《ことば》をえらびましょう。

この前《まえ》の休《やす》みにね、海《うみ》へつりに行《い》ったよ。たくさん魚《さかな》がつれて、わくわくしたよ。また行《い》きたいなあって思《おも》ったよ。

(1) 右《みぎ》の文章《ぶんしょう》を、学級《がっきゅう》で、みんなの前《まえ》で発表《はっぴょう》する言《い》い方《かた》の文《ぶん》に書《か》きかえましょう。

この前の休みに、海へつりに行きました。

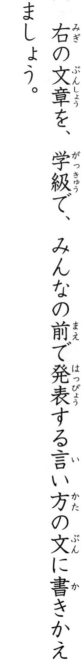

# 相手《あいて》によくつたわる言葉《ことば》にかえた文作《ぶんづく》り ④

名前

● 次《つぎ》の文《ぶん》の（　）に□の言葉《ことば》を入《い》れて、文《ぶん》を作《つく》りましょう。

① わたしは、（　）（　）気《き》に入《い》っています。

（どんな）（何《なに》が）

まるくて、うさぎの絵《え》がかいてある

ブローチが

わたしは、

② ぼくは、しょうらい、（　）（　）なりたいです。

（どんな）（何《なに》に）

大空《おおぞら》をとぶ、ひこうきの

パイロットに

ぼくは、しょうらい、

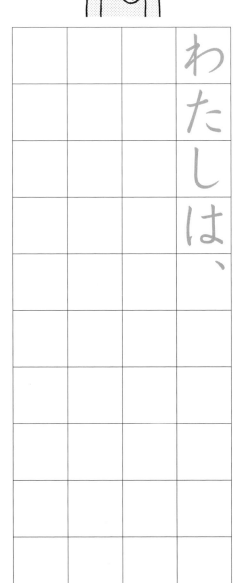

# 二《ふた》つの漢字《かんじ》を使《つか》った文作《ぶんづく》り

名前

● 次《つぎ》の二《ふた》つの漢字《かんじ》でできた言葉《ことば》の読《よ》み方《かた》を後《うし》ろの［　］からえらんで（　）に書《か》きましょう。［　］には、その意味《いみ》を書《か》きましょう。
また、その言葉《ことば》を使《つか》って文《ぶん》を書《か》きましょう。

①

親友

（しんゆう）

［親《した》しい友《とも》］

きみは、ぼくの親友《しんゆう》だ。

②

校門

（　　　　）

［学校《がっこう》の門《もん》］

　　の前《まえ》で待《ま》っています。

③

流水

（　　　　）

［　　　　］

わたしは、　　で手《て》をあらいます。

しんゆう　　こうもん　　りゅうすい

# にた意味《いみ》の二《ふた》つの漢字《かんじ》を使《つか》った文作《ぶんづく》り

名前

● にた意味《いみ》の漢字《かんじ》を□からえらんで、漢字二字《かんじにじ》の言葉《ことば》を作《つく》り、その言葉《ことば》を使《つか》って文《ぶん》を書《か》きましょう。（　）には、〔　〕から読《よ》み方《かた》をえらんで書《か》きましょう。

①

回□

読《よ》み（かいてん）

ぼくは、マットで回転する。

②

行□

読《よ》み（　　）

③

道□

読《よ》み（　　）

転　路　進

〔こうしん　かいてん　どうろ〕

## 反対《はんたい》の意味《いみ》の二《ふた》つの漢字《かんじ》を使《つか》った文作《ぶんづく》り

名前

● 反対《はんたい》の意味《いみ》になる漢字《かんじ》を□からえらんで□に書《か》き、漢字二字《かんじにじ》の言葉《ことば》を作《つく》りましょう。また、その言葉《ことば》を使《つか》って文《ぶん》を書《か》きましょう。（　）には、〔　〕から読《よ》み方《かた》をえらんで書《か》きましょう。

① 強《つよ》い ↔ 弱《よわ》い

強弱

読《よ》み（きょうじゃく）

姉は、強弱をつけて歌を歌う。

② 勝《か》つ ↔ □ける

勝□

読《よ》み（　）

。

③ 明《あか》るい ↔ □い

明□

読《よ》み（　）

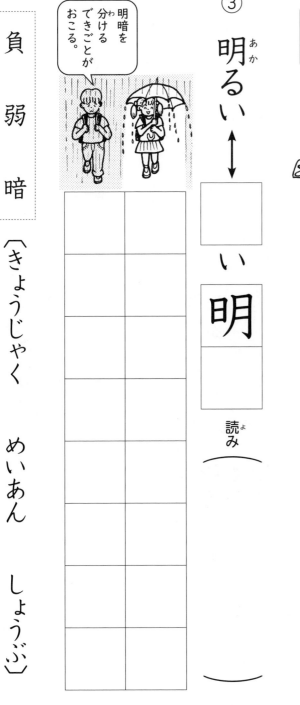

負　弱　暗

〔きょうじゃく　めいあん　しょうぶ〕

## 90 頁

修飾語《しゅうしょくご》を使《つか》った文作《ぶんづく》り ①-(1)

名前

● 修飾語《しゅうしょくご》を □ からえらんで（　）に書《か》き、文《ぶん》を作《つく》りましょう。

①

主語《しゅご》 わたしは、 述語《じゅつご》 見《み》ました。

いつ（きのう）、わたしは、どんな（小さな）何《なに》を（犬を）見《み》ました。

きのう　小《ちい》さな　犬《いぬ》を

きのう、わたしは、小さな犬を見ました。

②

主語《しゅご》 鳥《とり》が、 述語《じゅつご》 とぶ。

どんな（白い）鳥《とり》が、どこを（空を）どのように（ゆっくりと）とぶ。

白《しろ》い　空《そら》を　ゆっくりと

白い鳥が、空をゆっくりととぶ。



## 91 頁

修飾語《しゅうしょくご》を使《つか》った文作《ぶんづく》り ①-(2)

名前

● 次《つぎ》の文《ぶん》に □ の修飾語《しゅうしょくご》を入《い》れて、文《ぶん》を作《つく》りましょう。

① 主語《しゅご》 こまが、 述語《じゅつご》 まわる。

だれの 妹《いもうと》の　何《なん》の つくえの　どこを 上《うえ》を　どのように くるくると

妹のこまが、つくえの上をくるくるとまわる。

② 主語《しゅご》 わたしは、 述語《じゅつご》 走《はし》った。

いつ きのう　どこを 運動場《うんどうじょう》を　どれだけ 五《ご》しゅう

わたしは、きのう運動場を五しゅう走った。



## 92 頁

修飾語《しゅうしょくご》を使《つか》った文作《ぶんづく》り ①-(3)

名前

● 次《つぎ》の文《ぶん》に □ の修飾語《しゅうしょくご》を入《い》れて、文《ぶん》を作《つく》りましょう。

① 主語《しゅご》 ぼくは、 述語《じゅつご》 走《はし》った。

どのように 力《ちから》いっぱい

ぼくは、力いっぱい走った。

② 主語《しゅご》 わたしは、 述語《じゅつご》 読《よ》む。

いつ きょう　何《なに》を 本《ほん》を

きょう、わたしは、本を読む。

③ 主語《しゅご》 花《はな》が、 述語《じゅつご》 さいた。

いつ きのう　どんな 赤《あか》い　どこに 花《か》だんに

きのう、赤い花が、花だんにさいた。



## 93 頁

修飾語《しゅうしょくご》を使《つか》った文作《ぶんづく》り ①-(4)

名前

● 次《つぎ》の文《ぶん》に □ の修飾語《しゅうしょくご》を入《い》れて、文《ぶん》を作《つく》りましょう。

① 主語《しゅご》 水《みず》が、 述語《じゅつご》 流《なが》れる。

どこの 川《かわ》の　どのように さらさらと

川の水が、さらさらと流れる。

② 主語《しゅご》 兄《にい》さんが、 述語《じゅつご》 つりました。

どこの となりの　何《なに》を 魚《さかな》を

となりの兄さんが、魚をつりました。

③ 主語《しゅご》 わたしは、 述語《じゅつご》 ほりました。

いつ きのう　どんな 大《おお》きな　何《なに》を さつまいもを

きのう、わたしは、大きなさつまいもをほりました。

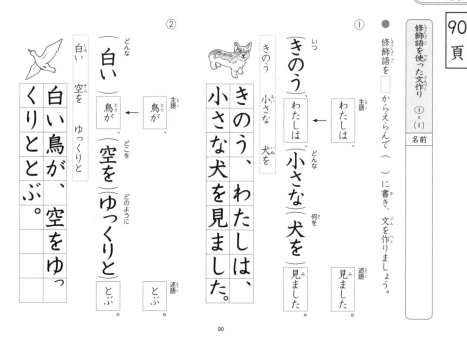

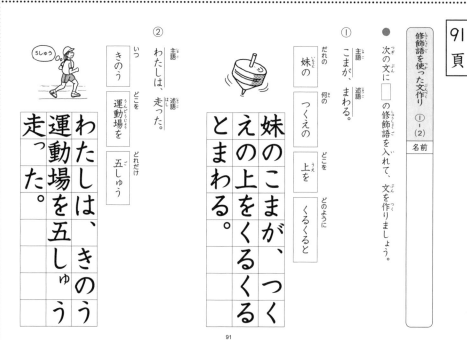

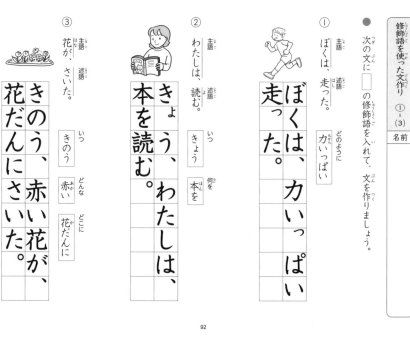

本書の解答は，あくまでもひとつの例です。児童に取り組ませる前に，必ず指導される方が問題を解いてください。指導される方の作られた解答をもとに，児童の多様な考えに寄り添って○つけをお願いします。

## 94 頁

修飾語《しゅうしょくご》を使《つか》った文作《ぶんづく》り ②

名前

● 次《つぎ》の二人《ふたり》の会話《かいわ》を聞《き》いて、くわしく表《あらわ》す文《ぶん》を作《つく》りましょう。

① 主語《しゅご》を書《か》きましょう。

わたしは

② 述語《じゅつご》を書《か》きましょう。

書きました

③ 右《みぎ》の二人《ふたり》の会話《かいわ》を一《ひと》つの文《ぶん》にしましょう。

主語《しゅご》：わたしは、　いつ：きのう　どんな：転校した

だれに：友だちに　何《なに》を：手紙を　述語《じゅつご》：書きました。



## 95 頁

様子《ようす》を表《あらわ》す言葉《ことば》を使《つか》った文作《ぶんづく》り ①

名前

● 「どんな」や「どのように」を表《あらわ》す言葉《ことば》を使《つか》って〈れい〉のように文《ぶん》を作《つく》りましょう。

〔れい〕 どんな［おさない］子《こ》どもが、どのように［ゆっくり］話《はな》す。

（おさない）（ゆっくり）

おさない子どもが、ゆっくり話す。

①

（かわいい）（はきはきと）

かわいい子どもが、はきはきと話す。

②

（活発《かっぱつ》な）（どうどうと）

活発な子どもが、どうどうと話す。



## 96 頁

様子《ようす》を表《あらわ》す言葉《ことば》を使《つか》った文作《ぶんづく》り ②

名前

● 「どんな」や「どのように」を表《あらわ》す言葉《ことば》を使《つか》って〈れい〉のように文《ぶん》を作《つく》りましょう。

〔れい〕 どんな［元気な］お兄《にい》さんが、どのように［すばやく］走《はし》る。

（元気《げんき》な）（すばやく）

元気なお兄さんが、すばやく走る。

①

（ふくよかな）（どたばた）

ふくよかなお兄さんが、どたばた走る。

②

（たくましい）（さっそうと）

たくましいお兄さんが、さっそうと走る。



## 97 頁

同《おな》じ読《よ》み方《かた》でちがう意味《いみ》の漢字《かんじ》を使《つか》った文作《ぶんづく》り ①

名前

● 絵《え》を見《み》て、――線《せん》の言葉《ことば》にあてはまる漢字《かんじ》を□からえらんで、文《ぶん》を書《か》きましょう。

① わたしは、ひに当《あ》たります。

［火・日］

わたしは、火に当たります。

わたしは、日に当たります。

② はが、とてもきれいです。

［歯・葉］

歯が、とてもきれいです。

葉が、とてもきれいです。

## 98頁

同《おな》じ読《よ》み方《かた》でちがう意味《いみ》の漢字《かんじ》を使《つか》った文作《ぶんづく》り ②　名前

● 次《つぎ》の文《ぶん》の──線《せん》の言葉《ことば》にあてはまる漢字《かんじ》を□からえらんで、文《ぶん》を書《か》きましょう。

(1)

① まどをあけて、外《そと》を見《み》る。

まどを開けて、外を見る。

② 夜《よ》があけて、朝《あさ》になる。

夜が明けて、朝になる。

開　明

(2)

① わたしの部屋《へや》は、二《に》かいです。

わたしの部屋は、二階です。

② その本《ほん》は、二《に》かい読《よ》んだ。

その本は、二回読んだ。

階　回



## 99頁

同《おな》じ読《よ》み方《かた》でちがう意味《いみ》の漢字《かんじ》を使《つか》った文作《ぶんづく》り ③　名前

● 次《つぎ》の文《ぶん》の──線《せん》の言葉《ことば》に合《あ》う漢字《かんじ》を□からえらんで、文《ぶん》を書《か》きましょう。

(1)

① 公園《こうえん》で、子《こ》どもがじゅうにん遊《あそ》んでいます。

公園で、子どもが十人遊んでいます。

② この町《まち》のじゅうにんは、なかがよいです。

この町の住人は、なかがよいです。

十人　住人

(2)

① 町《まち》のじんこうを調《しら》べる。

町の人口を調べる。

② じんこうえい星《せい》がとんでいる。

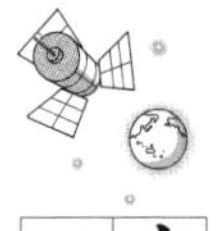

人工えい星がとんでいる。

人口　人工



## 100頁

ちがう意味《いみ》の使《つか》い方《かた》をする漢字《かんじ》を使《つか》った文作《ぶんづく》り　名前

● 次《つぎ》の漢字《かんじ》を、それぞれちがう意味《いみ》の使《つか》い方《かた》で、文《ぶん》を書《か》きましょう。

① 曲《キョク》

バイオリンで、名曲《めいきょく》をえんそうする。

バイオリンで、名曲をえんそうする。

ゆるやかな曲線《きょくせん》をかく。

ゆるやかな曲線をかく。

② 長《チョウ》

長時間《ちょうじかん》歩《ある》いて、つかれた。

長時間歩いて、つかれた。

ぼくは、学級《がっきゅう》の委員長《いいんちょう》になった。

ぼくは、学級の委員長になった。



## 101頁

ことわざを使《つか》って文《ぶん》を作《つく》ろう ①-(1)　名前

● 次《つぎ》の文《ぶん》に合《あ》うことわざを□からえらんで、□に書《か》きましょう。

① あぶない所《ところ》はないか、何度《なんど》も調《しら》べるのは、

石橋を たたいてわたる

ようだ。

② せっかくセーターをもらったけれど、

おびに短し たすきに長し

だ。

③ 友《とも》だちとけんかしたけれど、次《つぎ》の日《ひ》には、なかよくなった。

雨ふって 地かたまる

だ。

・雨《あめ》ふって 地《じ》かたまる
・石橋《いしばし》を たたいてわたる
・おびに短《みじか》し たすきに長《なが》し

# 解答例

本書の解答は，あくまでもひとつの例です。児童に取り組ませる前に，必ず指導される方が問題を解いてください。指導される方の作られた解答をもとに，児童の多様な考えに寄り添って○つけをお願いします。

## 102頁

ことわざを使《つか》って文《ぶん》を作《つく》ろう ①-(2)

名前

● 次《つぎ》の文《ぶん》に合《あ》うことわざを□からえらんで、□に書《か》きましょう。

① 

こまっている時《とき》に、友《とも》だちが助《たす》けに来《き》てくれた。そして、友《とも》だちのお姉《ねえ》さんも来《き》てくれた。

おにに 金ぼう だね。

② 

一円《いちえん》ずつ、ちょ金《きん》ばこに入《い》れていたら、千円《せんえん》たまっていた。

ちりもつもれば 山となる だ。

③ 

お母《かあ》さんがいつも弟《おとうと》に「かたづけなさい。」と注意《ちゅうい》している。けれど、弟《おとうと》は、

馬の耳に ねんぶつ だ。

・馬《うま》の耳《みみ》に ねんぶつ
・おにに 金《かな》ぼう
・ちりもつもれば 山《やま》となる

102

## 103頁

ことわざを使《つか》って文《ぶん》を作《つく》ろう ②-(1)

名前

● （ ）に□からえらんだ言葉《ことば》を入《い》れて、――線《せん》のことわざを使《つか》った文《ぶん》を書《か》きましょう。

① 

お客《きゃく》さんがたくさん来《き》て、（ねこ）の手《て》もかりたいいそがしさだ。

お客さんがたくさん来て、ねこの手もかりたいいそがしさだ。

② 

（さる）も木《き》から落《お》ちるように、料理上手《りょうりじょうず》な姉《あね》がしっぱいした。

さるも木から落ちるように、料理上手な姉がしっぱいした。

さる　ねこ

103

## 104頁

ことわざを使《つか》って文《ぶん》を作《つく》ろう ②-(2)

名前

● （ ）に□からえらんだ言葉《ことば》を入《い》れて、――線《せん》のことわざを使《つか》った文《ぶん》を書《か》きましょう。

① わらう門《かど》には（福）来《き》たるといって、いつも（にこにこ）している人《ひと》には、よいことがやってきます。

わらう門には福来たるといって、いつもにこにこしている人には、よいことがやってきます。

にこにこ　福《ふく》

② 急《いそ》がば（回れ）で、（遠まわり）をして駅《えき》まで行《い》った。

急がば回れで、遠まわりをして駅まで行った。

回《まわ》れ　遠《とお》まわり

104

## 105頁

故事成語《こじせいご》を使《つか》って文《ぶん》を作《つく》ろう ①

名前

(1) ――線《せん》は故事成語《こじせいご》です。（ ）に□からえらんだ漢字《かんじ》を入《い》れましょう。

㋐ その一言《ひとこと》は、蛇《だ》（足）です。

㋑ あなたの言《い》うことは、矛《む》（盾）しています。

足《そく》　盾《じゅん》

(2) 次《つぎ》の文《ぶん》は、(1)の㋐・㋑の故事成語《こじせいご》のどちらの意味《いみ》を表《あらわ》していますか。記号《きごう》を書《か》きましょう。

・話《はなし》のつじつまが合《あ》わないこと。……㋑

・よけいなもの。ひつようのないものをくわえて、全体《ぜんたい》をだめにしてしまうこと。……㋐

(3) (1)の㋐・㋑の文《ぶん》を書《か》きましょう。

㋐ その一言は、蛇足です。

㋑ あなたの言うことは、矛盾しています。

105

## 106頁

故事成語《こじせいご》を使《つか》って文《ぶん》を作《つく》ろう ②-(1)　名前

● (　)に□からえらんだ漢字《かんじ》を入《い》れて、——線《せん》の故事成語《こじせいご》を使《つか》った文《ぶん》を書《か》きましょう。

① わたしとあなたのせいせきは、(五十)歩《ぽ》(百)歩《ぽ》です。

わたしとあなたのせいせきは、五十歩百歩です。

② 絵《え》のすばらしさは、何回《なんかい》も聞《き》くより一度《いちど》見《み》るほうがよくわかる。(百)聞《ぶん》は(一)見《けん》にしかずだ。

絵のすばらしさは、何回も聞くより一度見るほうがよくわかる。百聞は一見にしかずだ。

一　五十　百　(二回《にかい》使《つか》う字《じ》があります。)



## 107頁

故事成語《こじせいご》を使《つか》って文《ぶん》を作《つく》ろう ②-(2)　名前

● (　)に□からえらんだ漢字《かんじ》を入《い》れて、——線《せん》の故事成語《こじせいご》を使《つか》った文《ぶん》を書《か》きましょう。

① 音楽発表会《おんがくはっぴょうかい》は、歌手《かしゅ》になることへの登竜《とうりゅう》(門)だ。

音楽発表会は、歌手になることへの登竜門だ。

② 友《とも》だちが宿題《しゅくだい》をわすれているのを見《み》て、ぼくは他山《たざん》の(石)としよう。

友だちが宿題をわすれているのを見て、ぼくは他山の石としよう。

石《いし》　門《もん》



## 108頁

故事成語《こじせいご》を使《つか》って文《ぶん》を作《つく》ろう ③　名前

● (　)にあてはまる故事成語《こじせいご》を□からえらんで、文《ぶん》を書《か》きましょう。

① 今日《きょう》は、雨《あめ》がふるのではと心配《しんぱい》したが、(　)だった。

今日は、雨がふるのではと心配したが、杞憂だった。

② (　)をつんで、しけんに合《ごう》かくできた。

蛍雪の功をつんで、しけんに合かくできた。

杞憂《きゆう》　蛍雪《けいせつ》の功《こう》



## 109頁

気持《きも》ちを表《あらわ》す言葉《ことば》を使《つか》った文作《ぶんづく》り　名前

(1) 「どんな気持《きも》ちだったか」を表《あらわ》す言葉《ことば》を□からえらんで、□に書《か》きましょう。

① 小《ちい》さいころの写真《しゃしん》が出《で》てきた。そのとき、ぼくは［なつかしかった］。

② 友《とも》だちの転校《てんこう》が決《き》まった。そのとき、ぼくは［さびしくなった］。

なつかしかった　さびしくなった

(2) (1)の①、②の文《ぶん》を書《か》きましょう。

①

小さいころの写真が出てきた。そのとき、ぼくはなつかしかった。

②

友だちの転校が決まった。そのとき、ぼくはさびしくなった。

# 解答例

本書の解答は，あくまでもひとつの例です。児童に取り組ませる前に，必ず指導される方が問題を解いてください。指導される方の作られた解答をもとに，児童の多様な考えに寄り添って○つけをお願いします。

## 110頁

### 行動《こうどう》や気持《きも》ちを表《あらわ》す言葉《ことば》を使《つか》った文作《ぶんづく》り

名前

● 次《つぎ》の□に「どうしたか」を表《あらわ》す言葉《ことば》を□からえらんで書《か》きましょう。
（　）には、「どんな気持《きも》ちだったか」を表《あらわ》す言葉《ことば》を（　）からえらんで書《か》きましょう。

① ㋐

山川《やまかわ》さんが、友《とも》だちと 遊んだ 。

そのとき、山川《やまかわ》さんは（楽しかった）。

㋑

山川《やまかわ》さんが、友《とも》だちと けんかした 。

そのとき、山川《やまかわ》さんは（悲しかった）。

遊《あそ》んだ　けんかした

（悲《かな》しかった　楽《たの》しかった）

② ㋐

ぼくは、おもちゃを 買った 。

そのとき、ぼくは（わくわくした）。

㋑

ぼくは、おもちゃを なくした 。

そのとき、ぼくは（がっかりした）。

なくした　買《か》った

（わくわくした　がっかりした）

## 111頁

### 「いつ」「どこで」「だれに」「どんな」「何《なに》を」「どうして」を使《つか》った文作《ぶんづく》り

名前

● 「わたしは、うれしかった。」の文《ぶん》を、くわしく書《か》き直《なお》しましょう。

「いつ」……………きのう
「どこで」…………ステージで
「だれに」…………先生《せんせい》に
「どんな」…………きれいな
「何《なに》を」…………花《はな》たばを
「どうして」…もらって

いつ きのう、わたしは、どこで（ステージで）
だれに（先生に）どんな（きれいな）何を（花たばを）
どうして（もらって）うれしかった。

## 112頁

### 「いつ」「どこで」「だれと」「どんな」「何《なに》を」を使《つか》った文作《ぶんづく》り

名前

● 「お母《かあ》さんが、買《か》った。」の文《ぶん》を、くわしく書《か》き直《なお》しましょう。

「いつ」…………日曜日《にちようび》
「どこで」………デパートで
「だれと」………お姉《ねえ》さんと
「どんな」………赤《あか》い
「何《なに》を」………ぼうしを

いつ（日曜日）、お母《かあ》さんが どこで（デパートで）
だれと（お姉さんと）どんな（赤い）何《なに》を（ぼうしを）
買《か》った。

## 113頁

### 相手《あいて》によくつたわる言葉《ことば》にかえた文作《ぶんづく》り ①

名前

● 次《つぎ》の文《ぶん》の——線《せん》の言葉《ことば》を、➡の言葉《ことば》に書《か》きかえて、文《ぶん》を書《か》き直《なお》しましょう。

①

友《とも》だちからの手紙《てがみ》を読《よ》んで、うれしい。 ➡ かんげきした

友だちからの手紙を読んで、かんげきした。

②

遠《とお》くの山《やま》に登《のぼ》ってみたい。 ➡ はるかなる

はるかなる山に登ってみたい。

③

兄《あに》は、おばあさんについて歩《ある》いた。 ➡ よりそって

兄は、おばあさんによりそって歩いた。

言葉《ことば》をえらぶと様子《ようす》がよくつたわるね。

## 114頁

相手《あいて》によくつたわる言葉《ことば》にかえた文作《ぶんづく》り ②

名前

● 次《つぎ》の文《ぶん》を（　）の言葉《ことば》や［　］の言葉《ことば》を使《つか》って、相手《あいて》によくつたわる文《ぶん》を作《つく》りましょう。

①

ぼくのすきな時間《じかん》は、→（お気《き》に入《い》りの）

運動《うんどう》している時間《じかん》です。→（サッカーをしている）

ぼくのお気に入りの時間は、サッカーをしている時間です。

②

遠足《えんそく》は、［きのうの］［グループで行動《こうどう》して、］楽《たの》しかったです。

きのうの遠足は、グループで行動して、楽しかったです。

③

きょうの朝《あさ》、→（今朝《けさ》）［ぼくのすきな］

パン屋《や》が店《みせ》を開《ひら》いた。→（開店《かいてん》した）

今朝、ぼくのすきなパン屋が開店した。



## 115頁

相手《あいて》によくつたわる言葉《ことば》にかえた文作《ぶんづく》り ③

名前

● だれにつたえるのかを考《かんが》えて、使《つか》う言葉《ことば》をえらびましょう。

この前《まえ》の休《やす》みにね、海《うみ》へつりに行《い》ったよ。
たくさん魚《さかな》がつれて、わくわくしたよ。
また行《い》きたいなあって思《おも》ったよ。

(1) 右《みぎ》の文章《ぶんしょう》を、学級《がっきゅう》で、みんなの前《まえ》で発表《はっぴょう》する言《い》い方《かた》の文《ぶん》に書《か》きかえましょう。

（れい）

この前の休みに、海へつりに行きました。たくさん魚がつれて、わくわくしました。また行きたいと思いました。

## 116頁

相手《あいて》によくつたわる言葉《ことば》にかえた文作《ぶんづく》り ④

名前

● 次《つぎ》の文《ぶん》の（　）に［　］の言葉《ことば》を入《い》れて、文《ぶん》を作《つく》りましょう。

① わたしは、（どんな）（何《なに》が）気《き》に入《い》っています。

［まるくて、うさぎの絵《え》がかいてある］［ブローチが］

わたしは、まるくて、うさぎの絵がかいてあるブローチが気に入っています。

② ぼくは、しょうらい、（どんな）（何《なに》に）なりたいです。

［大空《おおぞら》をとぶ、ひこうきの］［パイロットに］

ぼくは、しょうらい、大空をとぶ、ひこうきのパイロットになりたいです。



## 117頁

二《ふた》つの漢字《かんじ》を使《つか》った文作《ぶんづく》り

名前

● 次《つぎ》の二《ふた》つの漢字《かんじ》でできた言葉《ことば》の読《よ》み方《かた》を後《うし》ろの［　］からえらんで（　）に書《か》きましょう。［　］には、その意味《いみ》を書《か》きましょう。
また、その言葉《ことば》を使《つか》って文《ぶん》を書《か》きましょう。

① 親友（しんゆう）［親しい友］

きみは、ぼくの親友だ。

② 校門（こうもん）［学校の門］

校門の前で待っています。

③ 流水（りゅうすい）［流れる水］

わたしは、流水で手をあらいます。

［しんゆう　こうもん　りゅうすい］

# 解答例

本書の解答は，あくまでもひとつの例です。児童に取り組ませる前に，必ず指導される方が問題を解いてください。指導される方の作られた解答をもとに，児童の多様な考えに寄り添って○つけをお願いします。

## 118 頁

にた意味《いみ》の二《ふた》つの漢字《かんじ》を使《つか》った文作《ぶんづく》り

名前

● にた意味《いみ》の漢字《かんじ》を□からえらんで、漢字二字《かんじにじ》の言葉《ことば》を作《つく》り、その言葉《ことば》を使《つか》って文《ぶん》を書《か》きましょう。（　）には、〈　〉から読《よ》み方《かた》をえらんで書《か》きましょう。

① 回転　読《よ》み（かいてん）

ぼくは、マットで回転する。

② 行進　読《よ》み（こうしん）

次は、赤組の行進です。

③ 道路　読《よ》み（どうろ）

家の前の道路は、工事中だ。

転　路　進

〈こうしん　かいてん　どうろ〉



## 119 頁

反対《はんたい》の意味《いみ》の二《ふた》つの漢字《かんじ》を使《つか》った文作《ぶんづく》り

名前

● 反対《はんたい》の意味《いみ》になる漢字《かんじ》を□からえらんで□に書《か》き、漢字二字《かんじにじ》の言葉《ことば》を作《つく》りましょう。また、その言葉《ことば》を使《つか》って文《ぶん》を書《か》きましょう。（　）には、〈　〉から読《よ》み方《かた》をえらんで書《か》きましょう。

① 強《つよ》い ↔ 弱い　強弱　読《よ》み（きょうじゃく）

姉は、強弱をつけて歌を歌う。

② 勝《か》つ ↔ 負ける　勝負　読《よ》み（しょうぶ）

兄さんが、しょうぎで勝負をつける。

③ 明《あか》るい ↔ 暗い　明暗　読《よ》み（めいあん）

明暗を分けるできごとがおこる。

負　弱　暗

〈きょうじゃく　めいあん　しょうぶ〉

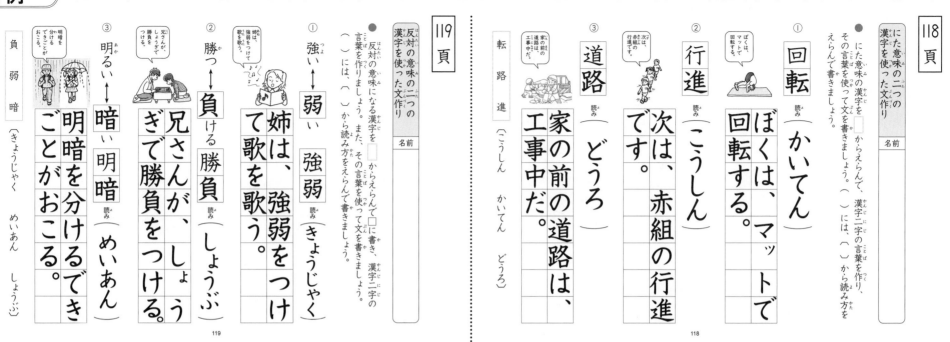

喜楽研の支援教育シリーズ
もっと　ゆっくり　ていねいに学べる　個別指導に最適
**作文ワーク 基礎編 3-② 「読む・写す・書く」**
光村図書・東京書籍・教育出版の教科書教材より抜粋

2023 年 4 月 2 日

イ ラ ス ト：山口　亜耶・日向　博子・白川　えみ　他
表紙イラスト：鹿川　美佳
表紙デザイン：エガオデザイン
企 画 ・ 編 著：原田　善造・あおい　えむ・堀越　じゅん・今井　はじめ・さくら　りこ
中　あみ・中　えみ・中田　こういち・なむら　じゅん・はせ　みう
ほしの　ひかり・みやま　りょう（他 4 名）
編 集 担 当：岡口　洋輔・田上　優衣・長谷川　佐知子

発　行　者：岸本　なおこ
発　行　所：喜楽研（わかる喜び学ぶ楽しさを創造する教育研究所：略称）
〒604-0827　京都府京都市中京区高倉通二条下ル瓦町 543-1
TEL 075-213-7701　FAX 075-213-7706　HP https://www.kirakuken.co.jp
印　　　刷：株式会社米谷

ISBN : 978-4-86277-438-5

Printed in Japan